经管华信 创优系列 · 旅游管理

导游业务

Tour Guide Service

梁 智 汪 爽 等编著

電子工業出版社
Publishing House of Electronics Industry
北京 • BEIJING

内 容 简 介

本书系高等院校旅游专业课程教材。作者本着高层次性、职业性和可衔接性的编写原则，着重介绍了导游服务的产生与发展历程、导游服务的业务领域与特点、导游员的基本素质与知识结构、导游员的服务技能与规范、导游员的讲解艺术和服务艺术及旅游事故的预防与处理策略的内容，以期使读者能够了解和掌握导游服务的基本原理和操作方法，适应导游服务工作的需要。本书提供电子课件等教学资源，读者可登录华信教育资源网免费注册下载。

本书适合高等院校旅游专业学生作为教材使用，也适合旅行社导游人员、旅游景区导游人员等相关从业人员培训参考使用。

图书在版编目（CIP）数据

导游业务/梁智等编著. —北京：电子工业出版社，2014.1

（华信经管创优系列）

ISBN 978-7-121-21700-5

I. ①导… II. ①梁… III. ①导游－高等学校－教材 IV. ①F590.63

中国版本图书馆 CIP 数据核字（2013）第 246559 号

策划编辑：王志宇
责任编辑：王志宇
特约编辑：赵翠芝
印　　刷：三河市鑫金马印装有限公司
装　　订：三河市鑫金马印装有限公司
出版发行：电子工业出版社
　　　　　北京市海淀区万寿路 173 信箱　邮编：100036
开　　本：787×1092　1/16　印张：9.5　插页：1　字数：232 千字
印　　次：2014 年 1 月第 1 次印刷
印　　数：4000 册　　定价：25.00 元

凡所购买电子工业出版社图书有缺损问题，请向购买书店调换。若书店售缺，请与本社发行部联系，联系及邮购电话：（010）88254888。

质量投诉请发邮件至 zlts@phei.com.cn，盗版侵权举报请发邮件至 dbqq@phei.com.cn。

服务热线：（010）88258888。

前　言

在旅游业中，导游员是与游客接触最多、关系最密切的人员。他们通过自己辛勤而卓有成效的劳动，不仅为游客提供了导游服务，而且使游客能够完成整个旅游过程，获得完整的旅游经历。此外，导游员的工作还给其所服务的旅游企业创造了经济收入，并给旅游目的地带来了经济效益和社会效益。因此，了解导游员及其工作，对于认识旅游业的作用，具有一定的意义。

在高等院校中，导游业务是旅游专业学生必修的专业课程之一。学生们通过学习该课程，能够了解导游工作在旅游业中所发挥的重要作用，熟悉导游服务的业务流程，掌握导游服务的基本技能，使其在毕业后走上导游工作岗位时，能够较快地进入角色，驾轻就熟地为游客服务，成为旅游业的合格员工。

本书作为高等院校旅游专业的教材，是作者在总结了国内外导游业务产生和发展进程的基础上，对导游员及其工作在旅游业中的地位与作用进行了分析，详细地介绍了导游业务、导游服务体系、导游服务技能等专业知识，描述了导游员在处理导游服务过程中出现的各种问题和事故时的策略与技巧，使学生们能够比较全面和深入地了解导游员应具备的素质与条件，掌握相关的知识和技能。

本书由天津财经大学商学院旅游系梁智教授和汪爽老师等共同编写，并由梁智教授担任全书的审校工作。其中，梁智教授撰写了第一、二、四、五、七章；汪爽老师撰写了第三、六章。天津财经大学旅游专业研究生姬志聪、余洋、闫杉和陈苗分别参与了第一、二、四、六章的资料收集和编写工作。

作者在编写本书的过程中，得到了电子工业出版社王志宇编辑的大力支持和帮助，在此，谨向她表示谢忱。

鉴于作者的视野和学术能力，书中仍可能有不当之处，恳请读者和使用者批评指正。

梁　智

目　录

第一章　概　　述

学习目标

1.1　导游服务的产生与发展
1.2　导游服务的主体与客体
1.3　导游服务的性质与作用
■ 关键概念
■ 课堂讨论题
■ 思考题
■ 实训题
■ 自测题

通过本章学习，你应该达到以下目标。

知识目标： 了解导游服务产生的历史背景及其发展进程，熟悉导游服务体系的构成要素，认识导游服务的性质及其地位。

技能目标： 能准确地分析不同国家导游服务在各个发展阶段的异同之处，并指出导游服务在不同时期所起的作用。

能力目标： 能够较熟练地分析导游服务主体的内涵与类型；能够准确地指出不同类型游客的旅游动机以及产生的原因。

第一节 导游服务的产生与发展

一、国外导游服务的产生

（一）古代的向导

人类早期的旅游活动出于一种生存的需要。当时，人们为了找寻足够的食物和适宜生存的气候而四处奔走。但是，外来人进入陌生之地，需要熟悉当地情况的人引导道路，由此产生了最初的 “导游”。事实上，这种所谓的“导游”只不过是指点路径的热心人而已。随后，一些商人开始到异地他乡交换商品，因而成为最早的旅行者。商人们为了商旅的安全顺利，常常需要人指引安全的道路。这一旅行中的需求促成了导游的起源。为旅行者充当道路向导，减少旅途中的艰辛，是那一时期导游的主要任务。实际上，当时的“旅行者”只需要“导游”发挥向导的作用，使他们能够顺利地到达目的地，而对于当地的各种“景点”则毫无兴趣。

然而，随着生存的基本需求得到了解决，人们开始了以满足享乐为目的对外面世界的探索。古埃及在五千多年前就已开始组织朝圣者去圣地朝拜的朝圣旅行。在卢克索的狄爱尔拜哈里神庙的墙上刻有文字和浮雕，记载了霍兹海贝赛女王在公元前 1490 年的诸国巡游之行。史料说明，当时的埃及已经成了当时闻名世界的旅行者圣地。在尼罗河上，埃及贵族们乘坐小舟游览，在陆地上，他们则乘坐轿子或轻便马车旅行。古希腊时期的哲学家毕达哥拉斯和柏拉图都在埃及游历过。

古希腊时期是旅游发展的第一个高峰时期。古希腊人已经有了“休闲”的概念，并将其提升至自由人的人生基础的高度，认为“休闲”是锻炼自己、提高修养的途径。哲学家亚里士多德主张，休闲是人生的目的，而工作是实现这一目的的手段。这一时期盛行利用公共设施开展的公共休闲。休闲活动主要有政治活动、哲学活动、美术活动、趣味活动、宗教文化仪式、竞技大会以及奥林匹克运动会等。人们开始去旅行参加或观看这些休闲活动。演出会、文化盛会、节日庆典比比皆是，旅行变得具有娱乐性和目的性。虽然古希腊的陆路交通很不方便，但是其海上交通十分发达。旅游活动的蓬勃发展，催生了导游数量的急剧增加。那时的导游被称为带路人，他们往往聚集在景点附近，为前来参观的游客充当向导。

古罗马时期是世界古代旅行的全盛时期。由于社会秩序的相对稳定，以及交通条件的便利，人们开始离开城市到沿海地区游览。有些达官贵人甚至不远千里到埃及去观看金字塔。这一时期的旅行已不仅限于经商和宗教旅行的形式，而且还出现了海滨疗养、鉴赏艺术、游览古迹、欣赏建筑等多种目的的旅行活动。

古罗马衰落之后，封建制度和天主教登上了历史舞台。两者支配着中世纪的欧洲。这一时期也被叫做休闲的黑暗期。而摆脱黑暗、迎来文化黎明的是文艺复兴时期。这一时期，导游员的职责和形象有了重大转变。他们作为上流社会子女的“家庭教师”，陪伴学生们开展了著名的“大游学”之旅。由于这一类型的旅行是出于教育和文化方面的原因，所以旅行的过程中往往需要有人担任全过程的陪同，这些全程陪同必须通晓多国语言，精通历史、文化、建筑、宗教、时事等多方面的知识。他们应该具有丰富的阅历，而且善于表达。他们除了承担旅途中教师和导游的职责以外，还需督导学生的道德品行和宗教信仰。这种全过程的陪同，可以看作全陪导游员的早期形式。

由此可见，进入封建社会后，旅行的形式更加多种多样：王公贵族的巡游，以求学求知为目的的教育旅行，以探险为目的的航海旅行，以科学考察为目的的旅行，以经商为目的的跨国旅行等形式也发展起来。

然而，需要指出的是，在漫长的古代旅游发展史上，以经商为目的的旅行始终是主要形式，单纯消遣目的的旅行并不是普遍的现象，只是少数人参加的活动。因此，在古代的旅行活动中，由于社会生产力发展水平低，旅游的发展非常缓慢，虽然产生了导游的最初形式——向导和陪同，但是并未成为一种广泛的、社会化的需要，因此也没有形成一支以向导为固定职业的专门队伍。

（二）近代的商业性导游

始于 18 世纪 60 年代，到 19 世纪 40 年代基本完成的产业革命，大大促进了生产力的发展和经济的繁荣。它不仅给人类社会带来了巨大的变化，也使得这一时期的旅游活动得到了突破性的发展。一方面，产业革命推动和加速了城市化进程，使大量农村人口流入城市成为雇工。紧张的城市生活节奏、拥挤嘈杂的生活环境，以及单调重复的工作方式，使人们产生了回归大自然、调节精神疲劳的强烈愿望。另一方面，产业革命也带来了社会财富分配方式的新变化。由于产业革命促进了生产力的迅速发展和社会财富的急剧增加，一个新兴的、富有的工业资产阶级诞生了。更多的人拥有了可以用来旅游的财力。

此外，科学技术的进步，特别是蒸汽技术在交通运输中的运用，催生了轮船、火车等新型交通工具。这些新型交通工具不仅速度快，而且运量大，给人们的长途旅行带来了极大的便利，从而大大刺激了人们的旅游需求。此时，旅游开始成为一种新的社会需要。

在这种历史背景下，英国人托马斯·库克敏锐地发现这个巨大商机并果断地采取了行动，创建了世界上第一家旅行社——托马斯·库克旅行社，成为世界上第一个专职的旅行代理商。

托马斯·库克出生于英格兰一个贫寒的家庭，曾做过书籍推销员，当过牧师。1841 年 7 月 5 日，他精心安排，利用包租火车的形式组织 570 人从莱斯特前往拉夫巴勒参加禁酒大会，每人收费 1 先令，包括往返交通费、一顿午餐和饭后茶点并有一支乐队陪伴演奏。在这次活动中，托马斯·库克既是组织者，又是全程陪同。这是一次非商业性的活动。然而，这次活动已具备了现代旅游活动的某些特征。1842—1844 年，应米德兰铁路公司和禁酒大会的要求，库克曾多次组织禁酒会成员和学校的孩子们在假期和周末进行铁路旅游。每次活动，库克都亲自担任陪同。

1845 年，库克正式成立了托马斯·库克旅行社。他在 1845 年组织了从莱斯特到利物浦的旅游活动。这是近代史上的首次团队旅游。这次团队旅游属于包价旅游，旅游费用包括分属 4 家铁路公司的运输费、住宿费和途中游览卡那封城堡和斯诺登山的费用。为了方便这次旅游活动，库克不仅自己充当导游员，而且在卡那封城堡和斯诺登山游览中专门聘请了地方导游员。1846 年他在苏格兰之行中又设置了专职导游员，这是世界上第一次为旅行团正式配备职业导游员。

1851 年，库克组织 16.5 万人赴伦敦参加在水晶宫举行的世界博览会。1856 年，他又组织 50 万人参加巴黎万国博览会。在上述两次活动中，库克专门提供了一批为游客做向导和讲解的职业导游员。此后，这支职业导游队伍由小变大。1872 年库克的公司成功组织了一次历时 222 天的 9 人环球旅游。随着国际旅游业务的拓展，国际导游员（领队）应运而生。

在西方国家里，托马斯·库克的名字与“有导游的旅行”是同义词。托马斯·库克为近代旅行社和导游职业的产生和发展做出了不可磨灭的贡献，因而被公认为近代旅游业的创始人。在库克成功经验的示范下，欧洲、北美等先后组建了不少旅行社或其他旅游组织，招募陪同和导游员。这些做法不仅促成了导游员队伍的形成，而且也使导游服务成为旅行社向旅游团必须提供的一项服务。

出生在德国埃森的贝德克尔也为近代导游服务工作做出了杰出贡献。1839 年，贝德克尔编写了世界上最早的旅游指南手册。他是一位徒步旅行爱好者，经常将旅途中的见闻，包括何处设有咖啡馆、糖果店、旅馆、客栈等，都记录在案，最终编成城市旅游图、旅游手册。他的第一本手册主要介绍荷兰、比利时的状况。1844 年，他编撰出版了《瑞士导游指南》，以后又出版了好几本导游指南。因此，有人将他与托马斯· 库克一起视为近代旅游业的创始者。

（三）现代的导游服务

第二次世界大战结束后，随着大众旅游时代的到来，导游服务也由近代导游服务阶段过渡到现代导游服务阶段。现代导游服务为旅游活动的顺利开展提供了便利条件，成为游客的旅游活动安全、可靠和便利的重要保障，导致其在旅游业中的地位不断提高。越来越多的旅游者在出行时选择参加由导游员陪同的旅游团队。为了满足旅游者对导游服务的需求，旅行社大量雇用专职导游员和兼职导游员。由此，导游员队伍迅速扩大，成为旅游业的一个重要行业。

导游员队伍的壮大和导游服务地位的提高，导致许多国家加强了对导游人员的执业资格、人员选拔、教育培训、服务质量等方面的管理，从而使现代导游服务呈现出职业化、规范化、商品化等特点。

1. 职业化

作为旅游服务的一个重要组成部分，导游工作已经发展成为一项重要的职业。在旅游发达的国家，导游工作已经被很多人当做一种谋生的手段，导游员队伍也日益职业化。从 20 世纪 70 年代开始，一些旅游发达国家将导游作为一种职业列入其社会职业分类词典之中。美国、德国、日本、新加坡等国家还实行了导游职业自由化制度。

2. 规范化

大众旅游的兴起和发展，使得越来越多的旅游者关心旅游服务的质量。因此，导游服务的规范化成为提高旅游服务质量的重要途径，引起旅游业的高度重视。为保护消费者的合法权益，国际标准化组织、一些地区性的旅游组织和不少国家的旅游组织或相关机构先后制定了服务标准、旅游产品销售标准和导游服务质量标准，对旅游产品和导游服务全过程的质量进行了规范。我国的国家旅游局也出台了相应的导游服务质量标准。这些标准从不同层面、不同角度对导游服务质量提出了规范化的要求，使导游服务日益规范化。

3. 商品化

导游服务作为一种旅游产品，具有商品的属性。一方面，导游服务能够满足旅游者的身心需要，对他们具有使用价值。另一方面，导游人员在提供服务的过程中需要消耗活劳动，因而又具有价值。导游人员因提供导游服务而向旅游者收取费用，而旅游者因享受了这些服务而按相应的价格支付费用。因此，在旅游市场上，导游服务的供需双方遵循商品交换的法则，出售和购买及消费导游服务产品。由此可见，导游服务具有商品化的特点。

二、中国导游服务的产生

（一）中国近代导游服务的初创时期

中国的近代导游服务产生于 20 世纪初期。当时，为了满足一些西方冒险家、 政客以及高层人士探索东方文明的好奇心，一些外国旅行社，如英国的通济隆旅游公司（Thomas Cook）、美国的运通旅游公司（American Express）等开始在中国的上海等沿海城市设立旅游代办机构，总揽在中国的旅游业务，并雇用中国人充当导游员。这些经营活动促使中国产生了最早的导游服务。

1923 年 8 月，上海商业储蓄银行总经理陈光甫首次在该行设立了旅行部，承办旅行代理业务，负责推广文化、 经办客务运输和旅馆食宿。1927 年该部从银行独立出来，成立了中国旅行社。除了继续从事有关旅行代理业务外，中国旅行社还组织国内旅游团和国际旅游团，为游客提供导游和翻译服务。该旅行社还创办了中国的第一本旅行杂志，介绍各地风景名胜。随着经营业务的增加和经营范围的扩大， 中国旅行社开始在各地开设分社和办事处。

继中国旅行社之后，铁路游历经理处、公路旅游服务社、航空讯美游等旅游组织也为游客提供了导游服务。上述旅行社的经营活动促使了中国第一批导游员的出现。20 世纪 20～40 年代末新中国成立前夕，导游服务在我国经历了从无到有和初步发展的进程，被公认为我国职业导游服务的初创时期。

（二）中国现代导游服务的开拓时期

1949 年年底到 1978 年改革开放之前，我国的导游服务处于开拓时期。这个时期的导游服务是以外事接待工作的面貌出现的。1949 年 11 月，“华侨服务社”在厦门筹建，并于当年 12 月正式营业。这是新中国成立后的第一家旅行社。1954 年 4 月 15 日，中国国际旅行社在北京西交民巷 4 号诞生。同时，该旅行社在各地设立 14 家分支社，为外国人来华旅游提供方便。1964 年 6 月，国务院批准成立“中国旅行游览事业管理局”作为国务院直属机构，加强对旅游事业的组织和领导。由于外事接待工作的对象主要是外国人，所以从事这方面工作的人称为翻译导游人员。这一时期，我国约有翻译导游人员 300 人，操几十种语言，以接待外宾、华侨和港澳同胞到大陆旅游探亲为主。这批导游人员虽然数量不多，但素质很高，他们在当时周恩来总理提出的政治、外语、业务知识“三过硬”的要求下，认真完成“五大员”（宣传员、调研员、服务员、安全员、翻译员）的工作任务，刻苦努力，开创了新的导游风格，在国际旅游界为中国旅游业赢得了良好的声誉。在这个时期，导游服务的主要特点是：服从政治需要，不追求经济效益。

（三）中国现代导游服务的迅速发展时期

我国实行改革开放后，导游服务业进入了迅速发展时期。1980 年 6 月，中国青年旅行社总社成立，打破了新中国成立以来由中国国际旅行社和中国旅行社（前身为华侨旅行服务总社）在我国旅游市场上的两强共存局面。随后，一些由邮电、教育、铁路等中央部委组建的旅行社相继成立。1984 年，国家旅游局将旅行社的外联权下放。此举促进了全国各个行业和地区兴办的旅行社大量出现。到 1988 年年底，全国形成了以中国旅行社（简称中旅）、中国国际旅行社（简称国旅）和中国青年旅行社（简称青旅）为主干框架的旅行社体系，拥有近 1 600 家旅行社。国内众多旅行社的出现和旅游市场规模的扩大，形成了对导游人员的大量需求。在此形势下，全国导游员队伍迅速扩大到 25 000 多人，他们为这一时期我国旅游业的发展做出了贡献。

为了提升导游员的素质和能力，提高导游服务质量和接待水平，国家旅游局在 1989 年 3 月在全国范围内进行第一次“全国导游人员资格考试”，并且将其固定下来，成为导游人员的执业资格考试。 此后，中国的各级旅游行政管理部门相继出台多项针对导游从业人员的规范化管理措施，如建立导游人员记录制度、受理导游服务质量投诉等。1995 年，国家旅游局开始在全国范围内对导游人员实行等级（初级、中级、高级、特级）评定。目前，导游人员资格考试制度、导游人员年审制度、导游人员等级评定制度已成为中国导游管理的三大主要基石。

自 2002 年起，国家旅游局根据实际情况，决定对导游人员实行计分制监管方式，这标志着我国对导游管理的进一步规范化。这个时期，导游服务的主要特点有：导游服务队伍迅速扩大，作为旅游服务一部分的导游服务构成了旅游产品的重要内容，导游服务程序和服务质量实现了标准化，导游服务管理实现了制度化和法制化。

在这个时期，不仅导游人员数量众多，导游队伍不断扩大，而且更为重要的是导游服务已作为旅游服务的一部分而成为旅游产品价值实现的重要一环。导游服务质量直接关系游客对旅游产品质量的评价，并构成旅游产品吸引力的一个因素而受市场调节。目前，我国已形成了一支由职业导游和兼职导游组成的专业队伍。中国国际旅行社总社、中国旅行社总社、中国青年旅行社总社等大型旅行社一般拥有比较稳定的导游队伍。从总体上来看，这些导游人员具有较高的文化素质和较大的工作热情。他们主要从事国际旅游接待，为旅游业的发展做出了贡献。大多数小型旅行社没有专职导游队伍，部分持有导游证的外联人员、计调人员可兼任导游员，各业务部门都有相对稳定的兼职导游队伍。

三、导游服务的发展历程

（一）导游服务的演变过程

从发展进程来看，导游服务呈现出从主要关注功能性活动的原始导游角色，向主要关注交流活动的专业导游角色转变。这种演变过程与两类重要的变动因素紧密相关：其一是旅游系统的产生和发展，其二是制度化游客随着旅游系统的发展而到来。

当旅游活动刚开始渗透到一个地区，旅游发展处于早期阶段时，原始导游大量出现。他们所起的作用是由古老的探路人角色发展而来，他们的服务对象通常为非制度化的游客，比如“探险家”、“漂泊者”等。这些游客加入旅行团和雇用导游员的重要目的在于他们需要进入陌生，甚至危险的区域，所以需要找人带路。这些区域通常没有标准化的旅游接待设施，游客必须借助导游服务才能确保与当地人接触，以获得一些基本的旅游接待服务。

这些游客踏上这样的旅程，主要是寻求对当地的直接体验。他们接受导游服务时，并不要求导游员对沿途所见的景致做出详尽解说，而更想得到一些基本的旅游信息。

随着旅游的发展，最初的环境也发生了变化。初期过后，随着旅游需求的不断增长，旅游活动开始变得常规化，游客纷至沓来，旅游路线沿途各类商业化的接待设施也建立起来。随着导游职业的常规化，标准化的旅游活动不需要导游员具备原始导游员所具备的太多引路探险等技能。与此同时，游客对导游服务的要求变得更高了。他们不但要求导游员进一步改善服务质量，而且还要求导游员提供更加充实的信息和更加详尽的景点解说。

旅游系统的发展和制度化游客的到来，使原始导游服务技能逐渐失去了市场，却刺激了职业导游的发展。这一时期，导游员的服务质量和可靠性却在急剧下降。游客的投诉及其对地区总体声誉形成的潜在危险最终促使旅游主管部门出面干预，试图对不正规的旅游市场加以规范，在这一过程中试图将导游服务引上职业化的道路。因此，专业导游人员逐渐占据导游服务市场。他们的服务特点是：主要为由制度化游客所组成的旅行团，尤其是团队大众游客，在设施完善的旅游系统核心区域，组织常规的旅游活动。

总体来说，在导游服务的演变过程中，向导职能的重要性下降，中介职能的重要性上升，信息交流成为专业导游的服务核心。随着旅游线路的常规化，功能性职能的重心由最初的带路，转移到使游客获得进入非公共区域的许可，以及对整个旅游团队的控制上。在互动职能方面，随着商业化旅游设施的出现，导游服务工作的重心从充当旅游者和当地人的双方代表，转移到日程行程安排上。在社交职能方面，导游服务工作的重心从促进团队融合转向了提高团队士气。在信息交流职能方面，导游服务工作从仅对景点和信息的筛选过渡到以深度解说为中心。

（二）导游服务的发展趋势

未来旅游活动的发展趋势对导游服务将会产生重要影响并提出新的要求。导游服务在未来将出现以下趋势。

1. 导游内容的高知识化

导游服务是一种知识密集型的服务，即通过导游员的讲解来传播文化、传递知识，促进各地区间的文化交流。在未来社会，人们的文化修养会更高，更加重视对知识的更新。因此，文化旅游、专业旅游、科研考察等旅游活动将出现较大发展，从而对导游服务的知识内容提出更高的要求。

根据这一趋势，导游员必须提高自身的文化修养，不断吸收新知识和新信息。导游员掌握的知识不仅要有广度，还要有深度，使导游讲解的内容进一步深化，更加具有科学性和说服力。导游员不仅能够同游客讨论一般的问题，还能较深入地谈论某些专业问题。总之，在知识方面，导游员不仅要成为“杂家”，还要成为某些方面的专家。

2. 导游手段的科技化

随着科学技术的发展，更先进的科技导游手段如图文声像导游、网络导游等将会运用到导游工作中来。通过这些科技化的导游手段，导游员能够在游览前或在游览现场引导游客参观游览过程中，不仅让游客看到或听到旅游景观的现状，还能够进一步了解其历史沿革和相关知识，起到深化实地导游讲解和以点带面的作用，并最终成为导游工作不可或缺的辅助手段。因此，导游员必须学会使用这些科技导游手段并在游前导、游中导和游后导中运用自如，与实地口语导游密切配合，使其相辅相成，锦上添花。同时，导游员还应在导游过程中讲解相关的科技知识，运用科技手段，使游客了解到旅游和高科技发展之间的关系，从而使导游工作充满时代气息。

3. 导游方法的多样化

旅游活动多样化的趋势，尤其是参与性旅游活动的兴起和发展，要求导游员随之变化其导游方法。参与性旅游活动的发展，意味着人们追求自我价值实现的意识在不断增强。追求自我价值不仅体现在工作中，人们还将其转移到了娱乐活动之中。人们参加各种节庆活动，与当地居民一起活动、生活，还在旅游目的地学习语言、各种手艺和技能，甚至参加冒险活动等。这要求导游员不仅会说（导游讲解），还要能动，与游客一起参加各种活动。

旅游活动的这一发展趋向对导游员提出更高的要求。未来的导游员应不仅是一位能说会道、能唱会跳、多才多艺的人，还要能动手，有强壮的体魄、勇敢的精神，与游客一起回归大自然，参与绿色旅游活动，一起参加各种竞赛，甚至去探险。

4. 导游服务的个性化

今天的社会是个性张扬的社会，个性化发展成为时代的主题。人们对旅游需求的个性化趋势导致其对导游服务产品的消费也呈现个性化的趋势。导游服务的个性化要求导游员应根据游客的个性差异和个性化旅游需求提供具有针对性的服务，使游客获得更大的心理满足。另外，导游服务的个性化有利于导游员根据自己的优势或特长、爱好，形成其独特的个性风格，给游客留下特色鲜明的印象。

5. 导游职业的自由化

从世界各国导游发展的历史来看，导游员作为自由职业者是必然趋势。他们的身份自由、行动自由、收入自由。通过为游客提供良好的服务和高尚的职业道德，导游员取得社会的认同，其收入水平取决于获得服务机会的多寡、服务水平高低、个人声誉优劣等，体现了“优胜劣汰”的原则。目前，我国各地区成立的导游服务公司或导游服务中心就是这一趋势的反映。

第二节 导游服务的主体与客体

一、导游服务的主体

（一）导游服务主体的内涵

导游服务的主体是指导游服务人员，他们是导游服务行为的实施者。在我国，导游服务人员必须依照《导游人员管理条例》的规定，通过考试取得导游资格，并从事向导、讲解及其他相关的导游服务工作。

在我国，导游人员必须在取得导游资格后，与旅行社订立劳动合同或者在导游服务公司登记，并持所订立的劳动合同或者登记证明材料，向所在地区的省、自治区、直辖市人民政府旅游行政部门申领导游证。

根据《导游人员管理条例》的规定，有下列情形之一的，不得颁发导游证：（1）无民事行为能力或者限制民事行为能力的；（2）患有传染性疾病的；（3）受过刑事处罚的，但过失犯罪的除外；（4）曾被吊销导游证的。

（二）导游服务主体的类型

1. 按照工作职责范围划分的导游服务主体

按工作职责范围，导游服务主体划分为四个类型：国际导游员、全程导游员、地方导游员和定点导游员。

（1）国际导游员

国际导游员，业内习惯称之为“旅游团领队”，是受出境旅游团所在国或地区的组团旅行社的派遣，带领旅行团队赴境外旅游的导游员。国际导游员对组团旅行社负责，代表该旅行社与旅游目的国或地区的组团旅行社及各地接待旅行社的相关人员进行业务联系，随团活动，伴随始终。

（2）全程导游员

全程导游员，业内习惯称之为“全陪”，是组团旅行社为国内旅游团队派出的全权代表，对安排接待的旅游团负有全责。全程导游员的服务内容包括：贯彻和落实组团社制订的旅游接待计划，使旅游者的旅游活动如期、如愿、顺利地进行。

（3）地方导游员

地方导游员，业内习惯称之为“地陪”，是地方接待社委派的导游员，代表接待社执行旅游接待计划。其服务目标是按照接待计划的要求和全陪的意见和建议，安排和开展游客在当地停留期间的各项旅游活动，使游客的旅游消费如期、如愿、顺利地进行。

（4）定点导游员

定点导游员亦称景点讲解员，是指在博物馆、纪念馆等历史文化艺术场所或者重要景区、景点，从事本景点导游讲解工作的人员。定点导游员只负责景点的导游讲解而不涉及其他导游服务。通过他们的导游讲解，游客较为全面地了解该景区、景点或参观地全貌和主要特色，增加他们对保护环境、生态系统或文物意义的认识。

2. 按照职业性质划分的导游服务主体

按职业性质，导游服务主体可划分为三个类型，即专职导游员、业余导游员和自由职业导游员。

（1）专职导游员

专职导游员是指长期受雇于某家旅行社的专业导游人员。他们是旅行社的全职正式员工，按旅行社的工资制度领取固定工资。这类导游员通常受过良好教育和专业培训，具备一定的职业素质和工作经验。

（2）业余导游员

业余导游员，亦称“兼职导游员”。他们不以导游服务为主要职业，而是利用自己的业余空闲时间从事导游工作。这类导游员一般具备较高的文化层次和专业素质。有的业余导游员还具有相当专业的讲解水平和知识结构，很适合从事定点导游讲解服务和景点导游服务。

（3）自由职业导游员

自由职业导游员是以导游服务为主要职业的人员。他们不隶属于某个特定的旅行社，而是以合约形式为多家旅行社服务。他们具有较高的综合素质和娴熟的导游技能与艺术，是未来我国导游队伍的发展趋势之一。

3. 按照使用语言划分的导游服务主体

根据所使用的语言，导游服务主体可划分为四个类型，即外语导游员、汉语普通话导游员、地方方言导游员和少数民族语言导游员。

（1）外语导游员

外语导游员是指以某一门或几门外国语言作为工具，为使用该语言的游客提供导游服务的人员。外语导游员服务的主要对象是入境旅游的外籍游客和出境旅游的中国游客。

（2）汉语普通话导游员

汉语普通话导游员是指以汉语普通话为工具，为使用汉语普通话或能够听懂汉语普通话的游客提供导游服务的人员。汉语普通话导游员的服务对象主要是参加国内旅游的游客，但也有少量能讲汉语普通话的外籍、来自港澳台地区的游客等。

（3）地方方言导游员

地方方言导游员是指以地方方言（如粤语、闽南话、客家话等）作为工具，为使用该方言的游客提供导游服务的人员。地方方言导游员的服务对象主要是来自广东、福建、广西、海南等省、自治区的使用地方方言的游客、来自港澳台地区的游客、侨居海外的华侨游客和海外华人游客。

（4）少数民族语言导游员

少数民族语言导游员是指以我国某一个或某几个少数民族所使用的民族语言作为工具，为使用该语言的少数民族游客提供导游服务的人员。少数民族语言导游员的服务对象主要来自我国的少数民族聚居地区。

二、导游服务的客体

（一）导游服务客体的内涵

导游服务的客体是指导游服务的对象，即购买和消费导游服务的游客。游客通过购买旅行社提供的旅游产品和相关服务，成为导游服务产品的消费者。了解作为导游服务客体的游客类型、特点及其对导游服务的需求，有助于导游员有针对性地提供优质导游服务。因此，为了做好导游服务工作，导游员必须首先了解游客的需要，洞悉和把握游客的心理及其变化，观察和注重游客的行为表现，从而为有针对性地提供导游服务创造前提条件。

1963 年，联合国在意大利罗马召开的国际旅游会议上提出关于游客的定义："游客是指那些除为获得有报酬的职业以外，基于任何原因到一个不是自己常驻的国家去访问的任何人。"

1991 年，世界旅游组织在加拿大渥太华的国际旅行和旅游会议上通过了《关于旅游统计工作的建议》。该建议于 1993 年 3 月由联合国统计委员会正式通过。根据该建议提供的国际标准，"游客是指任何一个到他惯常环境以外的地方去旅行，连续不超过 12 个月，并且其旅行的主要目的不是通过所从事的活动从访问地获取报酬的人"。

按照世界旅游组织的建议，我国旅游统计部门对游客的定义进行了确定，即游客"指任何为休闲、娱乐、观光、度假、探亲访友、就医疗养、购物、参加会议或从事经济、文化、体育、宗教活动，离开常驻国（或常住地）到其他国家（或地方），其连续停留时间不超过 12 个月，并且在其他国家（或其他地方）的主要目的不是通过所从事的活动获取报酬的人"。并规定："游客不包括因工作或学习在两地有规律往返的人。"①

（二）游客的旅游需要

旅游需要产生的因素可分为内部因素和外部因素。内部因素是人们产生旅游需要的驱动力量，而外部因素则是形成旅游需要的必要条件。

1. *旅游需要产生的内部因素*

心理学研究表明，人的需要产生于未被满足的欲望。未被满足的欲望会引起人自身内部的一种紧张状态。这种紧张状态会产生一种内在的驱动力量，促使人们产生满足这一欲望的需要。人们正是通过使需要得到满足的行为使自己有意无意地摆脱所处的紧张状态。人们一旦某种需要得到满足之后，又会产生新的需要。所以，从个人来说，人们的生活正是在需要—满足—新的需要的规律作用下变得丰富多彩。人类社会正是由于这一规律的作用而不断推向前进。

旅游需要是在人们的基本生活需要得到满足之后产生的。它不同于食、住、行等为维持人们生存的先天需要。旅游需要是人们在对社会、文化和环境的反应和适应的过程中学习得来的，是在社会实践中形成的一种后天需要。换言之，旅游需要是在一定的社会环境下人们主观心理状态的一种反映。

---

① 转引自：陶汉军. 旅游学简明教程. 第一版. 上海：上海财经大学出版社，2006: 87.

2. 旅游需要产生的外部因素

旅游需要产生的外部因素主要包括经济因素、文化因素和社会因素。

（1）经济因素

经济因素对人们产生旅游需要的作用主要表现为两个方面。

①可自由支配收入增加。随着社会生产力的发展，人们的收入不断增加。在基本生活需要得到满足之后，人们会将其剩余的可自由支配收入用于社会消费、文化消费或精神消费。因此，可自由支配收入的增加是促使人们外出度假旅游的重要物质基础。

②余暇时间增加。社会劳动生产率的提高使得人们的余暇时间增多。人们除了工作时间、满足生理需要的生活时间以及必要的社会活动时间外，也需要考虑如何支配剩余的可支配时间。同样，不同的人会有不同的支配方式，其中外出旅游也是选择之一。余暇时间的增加为人们产生旅游需要提供了时间上的保障。由此观之，经济因素是旅游需要产生和实现的重要社会环境因素。

（2）文化因素

旅游需要的产生同现代人们的文化价值观密不可分。随着社会经济的发展，人们的文化价值观发生了很大变化。人们更多地追求生活质量的提高。人们将旅游活动看做一种高尚的、健康的、文明的活动，从而产生了旅游的需要。

（3）社会因素

在现代社会里，每个人都生活在一定的社会群体中。任何人的生活方式都会受到其所属社会群体中其他人的影响。就个人的旅游消费来说，群体的影响也是很大的。无论是家庭成员、同事，还是邻里、朋友，如果其中有人提出外出旅游的建议或有人外出旅游归来诉说其收获和体会，这种倡导者或先行者的作用往往会对他人产生重大影响，促使其产生旅游需要的动机。这种作用虽然是无形的，然而有时会给人们形成一种社会压力。在一些国家里，外出旅游度假已成为人们的一种生活方式，是人们生活质量提高的一种象征，不外出度假的人便会在心中形成一种压力。这种压力就可能转变成动力，促使这些人也产生外出旅游的需要。

（三）游客的旅游动机

旅游动机是一个人为了满足自己的某种需要而决意外出旅游的内在驱动力，或者是促使一个人有意于外出旅游的心理动因。[①]美国学者罗伯特·麦金托什、沙西肯特·劳特鲁，日本学者田中喜一、今井吾等人提出了关于游客旅游动机的不同分类。

1. 麦金托什-劳特鲁的分类

美国罗伯特·麦金托什和沙西肯特·劳特鲁在其合著的《旅游的原理、体制和哲学》一书中认为，人们出游有四种基本动机。

（1）生理动机

生理动机包括休息、参加体育运动、海滨修养、娱乐、治疗等。这一类动机是从维护身体健康出发的。

---

① 李天元. 旅游学概论. 第六版. 天津：南开大学出版社，2009: 98.

（2）文化动机

文化动机指了解和欣赏异地的文化、艺术、风俗、语言、宗教等。这一类动机表现的是人们求知的欲望。

（3）交际动机

交际动机包括在异地结交新朋友，探亲访友，逃避单调的日常生活和家庭邻里环境等。这类动机表现的是人们对熟悉的东西的一种厌倦和反感，以暂时避开现实的压力，借旅游来调节生活和变换环境的愿望。

（4）地位与声望动机

地位与声望动机包括考察、交流、参加会议、探险以及个人研究等，以达到被人承认、引人注目、施展才能、受人赏识和博得良好声誉的目的。

2. 田中喜一的旅游动机分类

日本学者田中喜一在其所著的《旅游事业论》一书中，将人们的出游动机归纳为如下四种类型。

（1）心情的动机

心情的动机包括思乡心、交游心和信仰心等。

（2）身体的动机

身体的动机包括治疗需要、保养需要和运动需要等。

（3）精神的动机

精神的动机包括知识需要、见闻需要和欢乐需要等。

（4）经济的动机

经济的动机包括购物目的和商业目的。

3. 今井吾的旅游动机分类

日本学者今井吾将人们外出旅游的动机划分为三种类型。

（1）消除紧张的动机

如变换气氛、从繁杂中摆脱、接触自然等。

（2）自我完善的动机

如对未来的向往、接触自然等。

（3）社会存在动机

如朋友的友好、大家一起旅行、家庭团圆等。

（四）游客的旅游行为特征

1. 按照游客个性划分的旅游行为特征

由于不同的游客具有不同的个性，所以他们的旅游行为特征也不尽相同。从个性角度，游客可以划分为内倾性格游客和外倾性格游客两种类型。

（1）内倾性格游客的旅游行为特征

内倾性格游客一般属于安乐小康型。他们往往选择到熟悉的旅游目的地。其外出旅游的主要目的是为了休息和消遣。他们喜欢比较宽松的旅游活动日程和比较周全、舒适的旅游服务。在旅游过程中，他们较多地顺从目的地旅行社的安排，在行为取向上趋附于其他游客。

（2）外倾性格游客的旅游行为特征

外倾性格游客一般属于追新猎奇型。他们往往选择到那些比较偏僻、不太为人所知的地方去旅游。其主要目的是为了寻求刺激和获得新的经历。他们对旅游服务和设施要求不高，希望在旅游安排上留有较多的余地和灵活性，以便发挥自己的潜能，寻求自己的乐趣和欢悦。在旅游过程中，他们的行为表现为随意和放任，不愿接受过多的限制和约束。他们常常不遵守约定的时间，往往离团自行其是。

2. 按照旅游阶段划分的旅游行为特征

在不同的旅游阶段，游客的心情和感受存在着一定的变化，而这种变化往往导致他们在旅游目的地的表现出现一定的差异。这种差异造成游客在各个旅游阶段的行为特征不尽相同。

（1）初到目的地阶段游客的旅游行为特征

游客到达旅游目的地初期，面对的是一个完全陌生的环境，他所接触的人（包括导游人员在内）和事都是生平第一次，有举目无亲之感，不仅人地生疏、风土人情不懂，而且可能有语言不通（尤其是外国游客），气候、饮食不适等。这种情况一方面使其有好奇、惊讶、兴奋之感，另一方面又有一些莫可名状的不安。这时，游客的行为表现是复杂的，有的东张西望，有的低声细语，有的沉默寡言，有的指指点点，有的甚至大声叫嚷。但是，有一点是共同的，即他们会不约而同地把目光和希望寄托在导游人员身上，希望导游人员能够理解他们的心情，能帮助他们认识这个陌生的环境，使他们有一个愉快、顺利和安全的旅游生活。

（2）开始熟悉目的地阶段游客的旅游行为特征

在这一阶段，随着游客开始对导游人员逐渐熟悉，对目的地情况有所了解和对环境逐步适应，游客不安的心情开始放松，思想也逐渐活跃起来，其行为主要表现在两个方面：一是游兴较浓，对参观和游览的那些秀丽、奇特、古老、壮丽的自然景观、文物古迹、现代建筑和民俗风情表现出较大的热情；二是发问开始增多，急于了解目的地的有关情况以及所见所闻的人和事。

（3）旅游中期阶段游客的旅游行为特征

随着时间的推移，游客对目的地情况有了基本了解，同导游人员也比较熟悉，游客的心理包袱已基本消除，初到时的拘束、谨慎、陌生之感已不复存在，从而其个性表露也比较明显。所以，这一阶段是其个性表露阶段。主要的表现有：第一，对其旅游目标的实现更为关注，尤其是那些希望通过旅游对某一方面有更深入了解的游客，他们提出的问题会更深更广，甚至会提出一些各种各样合理的和不合理的要求，希望能帮助他们圆满实现，对于自己提出的一些不合理或虽合理但难以满足的要求未能得到满足则表示不满；第二，在言行上比较放任。由于游客在这个阶段的心态比较轻松，容易在精神上产生麻痹感，使得他们的记忆力、思考力有意无意地会发生分散或转移，游览中对导游人员的讲解不像以前那样全神贯注，有的则自行其是，平时健忘的人更容易丢三落四，平时散漫的人更容易缺乏时间观念，平时活泼的人会变得更加随意自由。

（4）旅游结束阶段游客的旅游行为特征

旅游目的地旅游即将结束之时，游客的心理活动又开始复杂起来，会出现与到达目的地初期类似而又不同的紧迫感和不安感，因而在行为表现上也多种多样。有的人急于要求导游人员帮助他（她）解决没有满足的要求；有的人思乡思家心切，盼望尽早同家人团聚；有的人急于上商店购物，以用做纪念和馈赠亲友；有的人担心行李超重；有的人忙于给亲友发电报、打电话，报告旅游归程日期。总之，在这个阶段，游客的思绪甚为分散，忙于个人的事情大为增多。

3. 不同性别游客的旅游行为特征

性别因素是影响游客行为的一个重要条件。男性游客与女性游客在许多方面各有其不同的行为特征。准确地认识和把握不同性别游客的旅游行为特征，有助于向他们提供具有针对性的导游服务。

（1）男性游客的旅游行为特征

男性游客一般比较开朗，不太计较小事和由此引起的不愉快，比较理智；他们考虑问题比较实际，对旅游产品质量甚为关注，尤其是涉及旅游计划的变更，往往要究其原因；他们比较富于探索，在旅游中常常对导游人员讲解的问题和旅游目的地的情况发问。但是，他们在言行上往往比较随便，不太注意仪表和生活小节，爱出风头，好表现自己，最怕丢面子，损伤其人格和尊严。

（2）女性游客的旅游行为特征

女性游客的行为一般比较谨慎，能比较自觉地遵守旅游团队的纪律，听取导游人员的告诫；在旅游中，她们注意倾听导游人员的介绍，对导游讲解中的故事和风趣幽默的笑话兴趣较浓；她们感情丰富，喜欢同目的地的人员接触，了解一些有关社会、妇女和生活上的事情；她们喜好购物，对商品的质量、价格、包装比较注重。但是，她们比较胆怯，易受他人的影响，自控力较弱，往往喜怒溢于言表。

4. 不同年龄游客的旅游行为特征

年龄意味着人的体力、精力、阅历的不同。处在不同年龄阶段的游客，其旅游目的、游览兴趣、承受能力、消费偏好等各有差异，由此导致不同年龄阶段的游客，其旅游行为特征的差别显著。

（1）青年游客的旅游行为特征

青年游客精力旺盛，不怕艰苦，对设施和服务要求不高。他们富于幻想，对旅游有浓厚兴趣，喜欢追新猎奇，喜好娱乐和运动；他们好表现，希望自己的行为能引起他人的注意和重视，不要将他们当做未成年人对待。但是，他们初涉社会，阅历少，处事简单，将旅游想象得极为美好；他们的情绪不太稳定，易冲动，遇事不够冷静，经受不住挫折和打击。

（2）中年游客的旅游行为特征

中年游客阅历较广，一些人曾多次出游，旅游经验较丰富，待人处事比较谨慎，对旅游中出现的问题能泰然处之；他们在旅游中，比较讲究实际，对旅游产品和服务质量要求较高，对通过旅游要实现的目标甚为关注。但是，正因为他们老成持重，在旅游中注意看、听和问，一般较少表示自己的意见和看法，一旦表示出来，往往有一定的分量。

（3）老年游客的旅游行为特征

老年游客由于年龄和身体原因，在旅游中一般行动迟缓，节奏较慢，对旅游安全甚为关注；他们在旅游中，主要以观赏自然景观和文物古迹为主，然而对异地的老年人生活、家庭和社会福利事业也很有兴趣；他们思古怀旧心情较重，对访问故地、会见老朋友或其亲友情有独钟；他们虽然食量小、睡眠少，但要求饮食可口、住得舒适；他们一般顺从旅游安排，很少发表意见。

5. 不同职业游客的旅游行为特征

人们长期从事某个职业，其行为或多或少会受到该职业的影响。因此，不同职业游客的旅游行为特征之间必然存在一定的差异。

（1）专业技术人员的旅游行为特征

专业技术人员一般学有所成，具有某方面的专业或技术知识，他们在旅游中除了一般的观赏旅游景观外，更加关注了解本专业或技术领域的情况，希望参观该领域的有关单位、设施，会见该领域的有关人员，并进行交流。因此，在涉及其领域的事情，他们提问较多。他们对旅游服务也比较注重，对导游人员要求较高。

（2）行政管理人员的旅游行为特征

行政管理人员由于来自权力机构，社会地位较高，在旅游中他们往往从管理、质量、效率角度来看待问题，对旅游活动的组织安排、服务质量、服务效率要求较高。他们对导游人员、接待单位的服务人员乃至管理人员的行为不足之处常存有看法，有时也溢于言表。此外，他们对服务设施和环境的舒适也比较讲究。

（3）经商人员的旅游行为特征

经商人员在我国海外来华游客中占有相当比重。他们虽然多数情况下以散客身份旅游，但也有不少人参加旅游团。即使以散客身份旅游，有时也需要目的地提供接送服务和导游服务。由于工作性质的关系，他们对旅游服务效率和服务质量要求较高，对旅游产品的价值和使用价值十分看重；其次，他们对旅游生活质量也很讲究，往往要求住高级饭店，乘坐高级轿车，要求精美饮食；最后，在旅游中，他们喜欢了解有关经济、法律和商务情况，处事比较慎重，较少发表意见。

（4）产业工人的旅游行为特征

产业工人由于从事的工作性质，在旅游中有较强的群体观念。他们一般顺从旅游安排，对参观游览和娱乐活动很有兴趣；他们一般心直口快，对旅游中存在的缺陷容易发牢骚；在旅游中他们比较关心一些带有普遍性的社会问题，诸如物价、失业、犯罪和子女教育等；他们对旅游设施和服务要求不高。

（5）农民的旅游行为特征

农民比较纯朴、节俭，对旅游生活质量要求不高，在购物时也不乱花钱。在旅游中，除一般的参观游览外，比较关心了解当地的农民生活和收支情况。

6. 不同文化程度游客的旅游行为特征

文化教育对于一个人具有较大的影响。不同文化程度的游客，其旅游行为特征也不尽相同。

（1）受过高等教育游客的旅游行为特征

受过高等教育的游客由于知识面较广，对世界其他地区的情况有一定了解，因而游兴较浓，对异国他乡的环境适应能力较强。在旅游中，为进一步丰富知识，他们一般提问较多，愿与他人攀谈；对旅游设施和服务要求较高。

（2）受过中等以下教育游客的旅游行为特征

接受中等以下教育的游客易于对所访之地产生陌生感，适应能力较弱；在旅游中，他们顺从安排，很少发表意见，对旅游设施和服务要求不高；他们以游乐为主。

7. 不同国家（地区）游客的旅游行为特征

不同国家（地区）的人们，受历史发展、文化传统、宗教信仰的影响，具有不同的风俗习惯和价值观念。这些影响往往会使某个国家（地区）的游客具有与其他国家（地区）游客不同的旅游行为特征。

（1）日本游客的旅游行为特征

日本游客勤奋好学、好胜心强，注重实际，讲求实效，崇尚礼仪。在旅游中喜欢结伴出行，集体观念和时间观念较强；日程确定后，不得更改，即使时间很紧也要按照日程安排走马观花看一遍；旅游中一般不表示自己意见，即使表示，态度也比较暧昧；喜爱购物，易受同伴影响。但是，他们安全防范意识较差，导游人员需反复提醒注意人身、财物安全。

（2）美国游客的旅游行为特征

美国游客一般比较开朗，举止大方，喜好新奇，注重实利，喜爱攀谈，行为随便。在旅游中，他们常常从个人喜好出发，不顾他人，想什么就说什么；提问、提要求较多，不顾影响。

（3）英国游客的旅游行为特征

英国游客一般比较矜持、冷静，少言寡语，有绅士派头，讲礼貌，尊重妇女。在旅游活动中，多看多听少语，不主动表示自己的意见，但比较守时、守纪律，遵从活动安排。

（4）法国游客的旅游行为特征

法国游客一般比较爽朗、热情，不拘小节，喜欢与人交谈，比较乐观，热爱生活，重视自由。在旅游活动中，他们比较活跃，行为无拘无束，喜好自由活动。

（5）德国游客的旅游行为特征

德国游客一般比较勤勉，有朝气，守纪律，好清洁，爱音乐。在旅游活动中，重合同，讲究产品和服务质量。

（6）韩国游客的旅游行为特征

韩国游客的自尊心较强，注重礼仪，讲究礼节。在旅游活动中，与之交谈要注意尊重他们，避免损害其自尊心。

（7）俄罗斯游客的旅游行为特征

俄罗斯游客十分注重仪表，自尊，习惯守时，对妇女非常尊重，爱喝烈性酒。在旅游活动中，他们遵守时间，喜好购物。交谈时，注意不要打听他们个人的私事，不要谈论其国内政治、经济、民族、宗教问题。

三、导游服务的体系

（一）导游服务体系建设的意义

1. 导游服务体系的内涵

导游服务体系是指以导游服务为主系统，辅之以其他旅游服务子系统的综合性服务体系。导游服务体系不仅包含了导游员直接提供的导游讲解服务和旅游生活服务，还涉及旅行社其他部门及其他相关旅游服务部门的支撑服务。

2. 导游服务体系的作用

导游服务体系是导游员能够向游客提供优质服务的重要保障，也是旅行社品牌建设的重要基础。导游服务体系具有以下三个重要作用。

（1）提高整体意识

导游服务体系的建设有利于导游员树立旅游产品生产的整体意识。导游服务质量的优劣直接关系旅游产品质量的优劣，因此，做好导游服务工作是提高旅游服务产品质量的重要一环。

（2）增强合作观念

导游服务体系的建设有利于导游员加强与其他相关部门和企业的合作观念。导游员要把服务工作做好，使游客高兴而来，满意而归，除了自身努力之外，在相当大的程度上取决于这些相关部门和企业提供的服务。因此，导游员应加强与它们之间的合作和信息沟通。

（3）加强内部协作

导游服务体系的建设有利于强化导游员与旅行社企业的关系。导游员是旅行社派出的代表，其工作的开展需要得到旅行社的指导、支持和配合，如旅行社计调部门的安排、接待部门的信息传递，以及旅行社领导对有关问题的处理意见等。

（二）从游客消费角度划分的导游服务体系

从游客消费角度，导游服务体系可进一步划分为两个子系统，即导游活动体系和支撑服务体系。

1. 导游活动体系

导游活动体系是指引导游客进行旅游活动的体系，包括出境旅游领队服务、全陪导游服务、地陪导游服务和景区（点）导游服务。

2. 支撑服务体系

支撑服务体系是指为导游活动的顺利进行提供支持性服务的体系，包括相关旅游接待单位提供的服务，如饭店提供的住宿服务、交通客运部门提供的交通运输服务、文娱部门提供的娱乐服务、旅行社提供的后勤服务和行李服务等。

3. 导游活动体系与支撑服务体系的关系

导游活动体系与支撑服务体系的关系实际上是导游员的工作同各相关旅游接待单位和旅行社后勤人员与行李员工作之间的关系。这种关系由于是建立在共同的服务对象基础上的，并由旅游接待计划将它们连接起来，所以，它们之间是一种相互依赖的合作关系。导游员的工作需要这些单位人员提供的服务来支撑。这些单位人员劳动的价值也需要导游员带领游客来消费才能得以实现。因此，他们在根本利益上具有一致性。

然而，相关旅游接待单位提供的服务具有独立性。它们既可以向游客提供，也可以向当地居民提供。旅行社后勤人员和行李员提供的服务同导游服务一样，只能以游客为服务对象。这是两者之间的显著区别。这种区别使得导游员在其自身工作与不同单位或个人在合作中出现矛盾时，解决的方式也不一样。当导游员的工作与相关旅游接待单位的服务之间产生矛盾时，双方主要通过协商加以解决。当导游员的工作与旅行社后勤人员和行李员的服务之间产生矛盾时，旅行社领导可以直接处理。

（三）从游客参与角度划分的导游服务体系

从游客参与的角度，导游服务体系可以划分为前台服务操作体系和后台服务辅助体系。

1. 前台服务操作体系

前台服务操作体系是指直接面向游客提供服务的体系，即游客可以直接看得见和感受得到的服务体系，包括相关旅游接待单位的服务、导游人员的服务、行李服务等。

2. 后台服务辅助体系

后台服务辅助体系是指不直接面对游客而间接为其提供服务的体系，即游客看不到，甚至感受不到的服务部分，如旅行社后勤人员的服务、计调部门的服务和委托部门的服务等。

3. 两个体系之间的关系

从满足游客需要的角度来说，两个体系之间的关系是直接服务与间接服务的关系。前台服务操作体系直接面对游客提供服务。这些服务为游客在旅游过程中所必需。游客不仅能够直接看到和感受到这些服务，而且也往往参与其中。因此，游客的介入会对服务的内容和方式产生影响。后台服务辅助体系由于不直接面对游客，游客也看不见，所以其服务不受游客的直接影响。

从服务供给的直接目的来说，前台服务操作体系与后台服务辅助体系之间的关系，是服务消费与服务保障的关系。前台服务保障体系提供的服务能够直接满足游客的消费需要，而后台服务辅助体系提供的服务则为前台服务操作体系能够顺利地进行服务提供保障。没有后台服务做保障，前台的服务就可能出现问题，甚至差错。

第三节 导游服务的性质、地位与作用

一、导游服务的性质

（一）服务性

服务性是导游服务的基本属性。导游服务是指导游员通过向游客提供各种劳务而获得相应收益的服务产品。虽然导游服务也像其他旅游服务产品那样是无形的产品，很少产生物质成果，但是，导游服务与其他旅游服务有着明显的区别。导游服务不是一般的纯粹体能服务或简单的技能服务，而是一种脑体结合、复杂、高智能、高技能的服务。导游人员提供的服务能满足游客游览、审美的愿望和安全、舒适的旅行需求。

（二）文化性

旅游活动，从游客的角度说，实际上是人们离开其常住地对异国、异地、异民族文化

的寻觅和获取的活动。在活动过程中，由于导游员同游客接触的时间最长，因而是其获取文化知识和精神享受的主要帮手。从旅游目的地和旅游企业角度说，销售的旅游产品主要是满足人们精神需要的文化产品，而导游服务则是帮助游客实现对这种产品消费的主要渠道。导游员的导游讲解、回答游客的问询，乃至导游人员的仪容、仪表，一言一行无不在传播旅游目的地国家或地区的传统文化和现代文明，使游客得到知识、乐趣和美的享受。

（三）社会性

导游服务的社会性来源于旅游活动的社会性。首先，旅游活动是一种社会现象，是游客同旅游目的地国家或地区的人们之间的一种相互交往、相互了解和促进友谊的活动，是人们日常社交活动的延伸，即人们在其物质生活得到满足之后所产生的范围更为广泛的社会交际活动。导游服务为这种活动牵线搭桥，从而使其带有明显的社会属性。其次，为满足游客的需要，在服务过程中，导游员不仅要同游客保持经常接触，而且要同社会诸多方面和相关人员发生社会关系。所以，导游服务本身就是一种社会服务，是世界许多国家将其列为各种社会职业中的一种职业的主要原因。最后，在导游员向游客提供服务的过程中，游客还可以更加直接地通过导游员了解旅游目的地国家或地区人民的精神面貌、价值观、社会习俗和道德风尚，因而，导游员自身的思想感情、言行举止也是其所处社会环境和人民精神面貌的反映。

（四）经济性

经济性是导游服务的重要属性之一。导游员通过向国内外游客提供服务为国家创收外汇，加速国内的货币回笼，并为旅行社增加收益。此外，导游服务还在以下三个方面表现出经济性的特点。

1. 促销商品，直接创收

旅游购物是游客旅游消费的一个重要方面。统计资料显示，这部分消费往往占游客在旅游目的地消费总额的相当比重。所以，扩大旅游商品的销售是增加旅游目的地旅游收入的一个重要渠道。导游员在做好其他各项服务的同时，通过有力的促销，在正确引导游客进行这方面的消费时可以起到举足轻重的作用。

2. 扩大客源，间接创收

导游服务如果质量高，游客满意，可以促使游客充当旅游目的地和旅游企业的业务宣传员，不仅有利于提高旅游目的地和旅游企业的形象和声誉，而且有助于扩大其旅游产品的销售。同在市场上进行的广告宣传相比，游客以其亲身经历为依据的口头宣传更可信，更有影响力，对于旅游目的地和旅游企业增加新客源，从而间接创收可以起到有益的作用。

3. 促进经济和技术交流

在导游员为之提供服务的游客中，特别是那些参加会议旅游和专项旅游的游客中，不乏各个领域的学者、科学家和方方面面的经济界人士以及企业家。他们中有的人希望借旅游之机与有关领域的同行接触，相互交流信息，有的则想通过参观访问，了解某方面开展合作或投资的可能性，也有的可能有贷款、捐赠的意向。导游员在了解这类情况后，不失时机地向旅行社和有关方面报告，积极地牵线搭桥，对于促进各国（地区）之间科技交流和经济发展具有重要意义。同样，在国内旅游服务中，也可促进不同地区之间在经济和技术方面的交流和合作。

（五）涉外性

在入境旅游中，导游员向海外游客提供导游服务和在出境旅游中向中国公民提供陪同服务都具有明显的涉外性。在这两种情况的导游服务中，导游员既是旅行社的代表，又是社会主义中国和中国人民形象的代表，其言行和服务的好坏都关系着祖国和人民的荣誉。他们不仅担负着向海外游客和在同外国居民的接触中宣传社会主义中国的物质文明和精神文明的职责，使之对我国的历史、文化、社会制度和建设成就有较多的了解，而且起着沟通和促进他们与我国人民之间友谊的桥梁作用。从这个意义上说，涉外导游员是不同国家人民之间的友好使者，是“民间大使”。

二、导游服务的地位

旅游接待服务是指组成旅游产品的供方，即旅游目的地的交通运输、旅行社、住宿、餐饮、娱乐、商品零售、邮电通信、海关等部门向游客提供其旅游活动中所需要的行、游、住、食、购、娱等方面的服务。其中旅行社提供的服务主要有两个方面，一是旅游活动的组织安排，二是导游服务。由此可见，导游服务只是旅游接待过程中的多种服务中的一种服务，然而又是诸多旅游接待服务中居于中心位置的服务。

旅游产品不同于物质产品，在销售之后并不发生所有权的转移，所以游客购买了旅游产品后，只能亲自到旅游目的地才能实现对产品的消费，其消费过程也即旅游接待服务的提供过程。如果我们把旅游接待过程看作一条环环相扣的链条（从迎接游客入境开始，直到欢送游客出境为止），那么，向游客提供的住宿、餐饮、交通、游览、购物、娱乐等服务则分别是这根链条中的一个个环节。正是导游服务把这些环节联系起来，使游客得以逐个环节地进行消费，从而也使得提供各自服务的相应部门和单位的产品价值得以实现。可见，导游服务不仅是旅游产品生产和再生产的重要一环，而且在各项旅游接待服务中始终处于主导地位。

三、导游服务的作用

（一）纽带作用

由于导游员是旅行社派出的代表，在旅游接待服务中处于中心位置，因此，导游服务在旅行社与游客之间、旅行社与各旅游接待单位之间以及游客与各旅游接待单位之间起着连接和纽带作用。

在旅行社与游客之间，导游员担负着按照旅游接待计划（旅游合同规定的内容）为游客安排和落实行、游、住、食、购、娱等各项服务，处理游客在旅游期间可能出现的各种问题。同时，游客在旅游活动中的感受，对旅行社和旅游活动安排以及其他方面的意见、要求和建议乃至投诉也都通过导游员进行反馈。

在旅行社与各旅游接待单位之间，导游员担负着按照接待计划向各接待单位传递服务的信息和检查与督促各接待单位按时、保质、足量地提供相关服务的责任。虽然旅行社与各旅游接待单位之间在接待游客上有共同的目标，在根本利益上是一致的，但是它们都是独立的企业法人，拥有各自的利益。它们既互相依存、相互合作，又可能相互制约、相互牵制。在市场经济条件下，它们之间是一种商业关系，其行为主要依靠双方签订的合同或协议来规范和约束。导游员一方面代表旅行社将游客需要相关接待单位提供服务的准确时间、数量和要求的信息及时传递给旅行社，协助旅行社处理服务中可能出现的问题；另一方面旅行社也通过导游员了解和掌握各接待单位执行合同的情况。所以，导游员在导游服务过程中既负有检查和督促各接待单位落实合同的责任，又具有将各接待单位的意见和建议反馈给旅行社的义务。

在游客与各接待单位之间，导游员具有维护游客合法权益和引导游客尊重各地文化传统、风俗习惯和当地的有关法律、法规以及接待单位的规定的责任。一方面，导游员对游客提出的合理要求，在不违背合同的情况下应代表游客同接待单位进行必要的交涉，尽可能地满足游客的需要，以维护游客的正当权益；另一方面，导游员也应提醒游客，在所到之地要尊重当地的文化习俗，遵守接待单位的有关规定和尊重接待人员的劳动，以免造成不必要的误会和不愉快。

（二）标志作用

由于导游服务在旅游接待中处于中心位置，导游员同其他旅游接待单位的人员相比，同游客接触的时间最长，最直接，游客对导游服务的感受也最为深切，留下的印象也最为久远。所以，导游服务质量的高低对于旅游目的地的接待服务具有某种代表性，起着一定的标志作用。当然，这并不意味着其他的服务不重要，而是同导游服务相比，游客接触的时间较短，在没有特殊情况发生时，给游客留下的印象不那么深，并且其他服务分别为各个不同环节上的服务，不像导游服务覆盖旅游接待服务的全过程。

（三）扩散作用

优质的导游服务能对旅游目的地的旅游产品和旅行社形象起到扩散或传播作用。旅游产品质量主要由旅游资源质量、旅游服务质量、旅游活动组织安排质量和旅游环境（包括自然环境和社会环境两个方面）质量组成。除第四项内容外，其他三项都与导游服务密切相关。因为旅游资源的特色需要导游员讲解好，各项旅游服务的质量在相当程度上取决于导游员及时有效的信息沟通，而旅游活动组织安排质量更是导游员的本职工作。导游服务质量高，为游客提供的特殊实用价值就大，旅游目的地旅游产品对游客的效用也大，游客的满意程度就高，对于扩大旅游目的地旅游产品在客源市场上的影响的力度也大，从而有利于其销路的扩展。反之，若导游服务质量低劣，则会对旅游产品产生阻销作用。

（四）反馈作用

如前所述，导游员若能在导游服务过程中较好地处理旅行社同游客的关系，旅行社同其他旅游接待单位的关系，以及游客同其他旅游接待单位的关系，游客对其他旅游接待单位的意见、要求和建议就能比较顺畅地向导游员表达出来，并通过导游员及时反馈给旅行社，有利于旅行社进一步改进旅游产品的设计和包装，进一步提高旅游产品的质量。

复习思考题

□ 关键概念

导游服务客体　　旅游动机　　支撑服务体系

□ 课堂讨论题

1.1　不同旅游阶段游客的旅游行为特征有哪些？

1.2　从游客参与角度划分的导游服务体系是什么？

1.3　导游服务的经济性的主要表现有哪些？

□ 思考题

1.1　熟悉了解各国旅游者的不同行为特征对于旅行社的经营管理具有什么意义。

1.2　旅行社的经营管理中应该采取哪些措施刺激消费者的旅游动机？

1.3　举例说明应该如何根据导游服务的作用提升旅游产品的质量。

□ 实训题

到一家旅行社观察其运作流程并与其工作人员进行交流，了解前台服务操作体系和后台服务辅助体系，并从中发现一些合理的地方和需要改进的地方。

□ 自测题

1.1　导游服务的性质包括（　　）。

A．服务性　B．文化性　C．社会性　D．经济性　E．涉外性

1.2　在下列游客中，情绪不太稳定，易冲动的游客指（　　）。

A．女性游客　B．青年游客　C．中年游客　D．老年游客

1.3　简述游客的旅游动机。

1.4　名词解释：导游活动体系

1.5　根据所学习的知识，对下面的案例进行分析。

一个去香格里拉的国际旅游团中有日本游客和法国游客。日本游客集体观念和时间观念强，日程确定后，不得更改，即使时间很紧也要按照日程安排走马观花看一遍。而法国游客比较不拘小节，行为无拘无束，喜好自由活动。在游览中，多次因为法国游客不遵守约定好的时间集合，而耽误了行程，在天黑之前还有最后一个计划好的景点没有游览。将对法国游客的不满憋在心里的日本游客习惯性地建议游览完所有景点后再回住处，而法国游客却提出由于时间太晚，所以想回酒店休息。

鉴于以上情况，导游应该采取什么样的策略？

第二章　导游服务的业务领域与特点

学习目标

2.1　导游服务的领域

2.2　导游服务的原则

2.3　导游服务的特点

■　关键概念

■　课堂讨论题

■　思考题

■　实训题

■　自测题

通过本章学习，你应该达到以下目标。

知识目标：掌握导游服务的各项原则，了解导游服务的基本特点。

技能目标：准确地掌握导游服务的主要类型，分析不同类型导游服务的内涵。

能力目标：能够较全面地分析不同类型导游服务的要求；能够提供具有针对性的导游服务。

第一节　导游服务的领域

导游服务的业务领域可以大致归纳为三大类型：导游讲解服务、旅途生活服务与信息咨询服务。

一、导游讲解服务

（一）导游讲解服务的内涵与特性

导游讲解服务是指导游员向游客提供的旅行期间沿途讲解服务、参观游览现场的导游讲解服务以及入境游客或出境游客与当地相关人员座谈、访问时的翻译服务。导游讲解服务的本质是导游员在特定的时间情景中，借助语言艺术，通过对人文、自然景观进行讲解，以满足游客审美、娱乐、求知等需求的一种面对面的信息交流活动。

导游讲解服务是导游服务的最基本内容。它是导游员与游客迅速建立了解和信任，引导游客跨越文化社会交际障碍，满足游客审美和娱乐情趣，调节旅途雅兴的主要途径。

导游员在引领旅游者参观游览过程中，运用自己掌握的知识、导游技巧和语言艺术，对旅游目的地的风景名胜、风俗民情、古今文化掌故和景区新貌等进行准确而又生动形象的讲解介绍，最大限度地满足旅游者在游览观光时的审美情趣和求知需求。通过导游讲解服务，导游员可以帮助旅游者认识一个国家或地区的历史文化和现代文明，了解旅游区域居民的精神风貌和当地的民俗风情，体验旅游目的地的旅游资源和社会生活。

导游讲解服务贯穿于旅游活动的全过程。导游员通过不同形式的讲解服务达到与游客交流思想感情、指导游览过程、传递审美信息和传播文化思想的目的。由此可见，导游讲解服务不是一种随意的语言交流行为，而是作为职业服务活动，具有其鲜明的职业特性。

（二）导游讲解服务的要求

讲解服务的职业特性对导游员的职业素质和修养提出了较高的要求。这些要求包括：广博的知识领域、出众的语言能力、较高的审美能力和灵活的讲解能力。

1. 广博的知识领域

导游讲解涉及的知识领域非常广泛。为了拥有出色的导游讲解能力，导游员应能够做到“上知天文，下知地理；学贯中西，融通古今”。因此，导游员需要拥有广博的知识。

2. 出众的语言能力

导游语言能力是导游员最重要的基本功之一。导游员应能够以正确、优美、得体的语言展现旅途之美。讲解语言的传递手段包括口头语言、态势语言和自我形象，导游员讲解的艺术性在于这三者统一的协调感和整体性。

3. 较高的审美能力

导游员应在了解游客一般的审美需求和特殊审美需要的基础上，通过讲解，帮助他们了解旅游目的地，正确地传递美的信息，调节审美行为。同时导游员本身也是游客审美的对象，尽可能地满足游客的审美需求，使其获得美的享受是导游员工作的中心任务。

4. 灵活的讲解能力

导游讲解应具体问题具体对待，需要有灵活的、有针对性的讲解能力，即根据不同对象和时空条件进行导游讲解服务。导游讲解贵于灵活，妙在变化。导游员的服务对象复杂，层次悬殊。他们在审美情趣、层次、知觉诸方面各不相同。另外，人们的审美情趣还受到当时的自然环境、自身情绪等多方面的影响，即使游览同一景点，每次感觉都不一样。因此，导游员的讲解要根据游程中的具体情况，在服务方式、讲解内容、讲解方式和语言运用上应该有所不同。导游员讲的应是游客希望知道的、有能力接受的、感兴趣的内容，所以，导游员必须根据时间、情景和对象的不同，灵活地运用所掌握的知识，采取切合实际的方式进行导游讲解。

（三）导游讲解服务的类型

导游讲解服务可分为面上讲解、沿途讲解、景点讲解和即兴讲解四个类型。

1. 面上讲解

面上讲解亦称概况介绍，是指导游员向游客介绍旅游目的地国家或地区的历史、地理、文化、社会、经济、政治等概况。面上讲解通常是导游员在带领游客游览活动前，让游客对旅游目的地有个初步的认识和了解，为其后的讲解及与游客的交流奠定基础。面上讲解几乎是每次导游讲解的开场白，使用频率非常高，所讲内容通常会事先准备。但是，为了克服面上讲解比较枯燥的不足，导游员一定要针对游客的兴趣点，因人而异，分层次、分段落进行讲解。

2. 沿途讲解

沿途讲解亦称线上讲解，是指导游员在前往旅游景点和返回住处的途中，对沿途的人或事物进行的解说。与面上讲解相比，沿途讲解的内容更灵活，留给导游员创造发挥的空间更大。一方面，它可以增加游客对沿途所见所闻的了解，调节游兴，活跃气氛；另一方面，它可深化游客对旅游目的地的认识，满足游客求知欲。线上讲解要避免就事论事，需要开阔思路，以点带面地进行解说。

3. 景点讲解

景点讲解亦称点上讲解，是指导游员在参观游览景点时的讲解。景点讲解的内容包括景点的历史背景、主要特色、价值地位等。与此同时，导游员还可介绍与景点相关的内容，如专业知识、名人轶事、神话典故等，以满足游客求新、求异、求知、求乐的不同游览需要。景点讲解是导游讲解的重头戏，游客对其期待较高，是体现导游员专业知识和导游技能的关键时刻。

4. 即兴讲解

即兴讲解也称应答讲解，是指导游员在与游客交流过程中，针对游客提出话题或问题进行的应答。即兴讲解的特点是：第一，无定式。导游人员无法预测游客提出的问题；第二，即时性。导游员可能在毫无准备的情况下回答游客提出的各种问题。即兴讲解对任何导游员的知识面和反应能力都是一种挑战。当然，也正因为如此，即兴讲解也是导游员展示自身素质和能力的绝好机会，精彩的即兴讲解往往能赢得游客的认同和共鸣，加深游客对导游员的尊敬和信任。

二、旅途生活服务

（一）旅途生活服务的内涵

旅途生活服务是指导游员根据旅游合同约定的内容和标准，在旅游途中为游客提供的生活照料服务。旅途生活服务是导游服务的重要组成部分，主要包括：①旅途中游客的食、住、行、游、购等的具体安排与实施；②旅途中的安全服务；③帮助旅游者处理旅途中遇到的各种问题等。

旅途生活服务与导游讲解服务相辅相成，缺一不可，既是旅游活动顺利开展的基础，也是整个导游服务不可缺少的一环。良好的旅途生活服务，可以使旅游者在旅游期间吃得满意，住得舒适，玩得痛快，充分享受旅游的乐趣，全无后顾之忧。同时，游客也会因此增加对导游员的信任感和亲切感，有助于建立和谐、融洽的“游客–导游员”关系。由此可以看出，做好旅途生活服务有利于导游员顺利地开展导游服务工作，圆满完成导游服务和旅游接待任务。

（二）旅途生活服务的要求

旅途生活服务涉及面广，内容繁杂，对于导游员的要求较高。包括如下要求。

1. 细心观察的能力

首先，需要细致充分的准备工作。导游工作在某种程度上具有预先编排性，如接洽对象、游览日程、基本服务规格等。导游员应按工作程序，预先对接站、送站、旅途服务和各方面的接洽、协调等各个工作环节进行准备和落实，扎实的准备工作保证了旅行生活服务工作的规范性和便利性。

2. 抗压力强的素质

导游员必须具有强健的体魄和健康的心理，善于自我调节。导游员在工作中，面临着大量的不确定性情况和未知性情况。例如，在旅游旺季，由于旅游资源供应压力过大，经常出现饭店的客房供应不足、旅游交通不顺畅、在景点门前的等候时间过长等突发问题。所以，导游员应具备随机应变、沉着冷静、抗压工作的能力，以便能够从容不迫地应对各种困难和突发事件。

3. 耐心待客的心态

在旅游过程中，因长时间地面对不断出现的各种困难和游客的误解与抱怨，导游员可能会产生一定的挫败感和烦躁心理，并可能会不自觉地反映到其导游服务工作中。这种情况可能会进一步引起游客的不满，使旅游活动不能够顺利进行。因此，导游员必须具备耐心待客的心态。无论面对什么样的困难和误解，导游员应始终保持心情平静，善于在复杂环境中心平气和地照顾游客的旅途生活，用自己的乐观态度和辛勤工作平息游客的怨气，消除他们的误解，使旅游活动顺利进行。

4. 善于沟通的能力

导游员在执行旅游接待计划、提供导游服务的过程中，必须能够得到旅行社内部的相关部门及人员和其他旅游服务企业及其他相关部门的配合与支持。因此，导游员应善于与不同部门、企业及人员之间进行沟通，能够协调多方面的关系，保证游程的质量和进程。

三、信息咨询服务

（一）信息咨询服务的内涵

1. 信息服务

信息服务是指导游员在旅游过程中主动向游客提供或应游客的要求提供相关信息的服务。导游员主要向游客提供两个方面的信息：

（1）与旅游有关的信息，如当日或次日旅游活动的具体安排、当日天气预报、时差等；

（2）游客关心的其他信息，如国内外重大新闻、股市行情、重大体育比赛等。

2. 咨询服务

咨询服务是指导游员根据游客的要求，向其提供咨询意见或建议的服务。游客来自异国他乡，对旅游目的地的许多情况不了解、不熟悉。因此，他们在自由活动时，常把导游员当做可以信赖的朋友，愿意征询导游员的意见。例如，出外用餐、出外购物时请求导游员介绍餐馆、商店；购买商品时，也往往请导游员当参谋。

（二）信息咨询服务的要求

1. 主动提供信息

导游员是旅行社的代表，也是旅游目的地的宣传大使。面对来自异国他乡的游客，导游员应主动提供各种与旅游活动相关的信息，帮助游客更好地了解和认识旅游目的地及相关景点，为他们在旅游目的地的旅游活动提供便利。

2. 耐心解答问询

导游员提供导游服务的对象是来自异域他乡的游客。他们当中的绝大多数人是初次来到旅游目的地，对于当地的情况几乎一无所知。这些人抱着求知求乐等目的，对旅游目的地的历史文化、人文风情、社会制度、经济发展情况以及当地人民的精神风貌和生活方式都可能感兴趣，经常提出各种问题。在那些对于当地情况烂熟于心的导游员看来，这些问题可能十分简单，甚至有些幼稚。但是，既然游客提出这些问题，显然他们希望能够得到导游员的重视，并得到满意的解答。因此，导游员应本着极大的耐心，认真解答游客提出的问题，使游客感到满意。

3. 收集各种信息

导游员在向游客提供信息与咨询服务的同时，还应注重从游客那里收集各种信息和反馈。由于导游员处在旅游接待的第一线，所以能够获得大量的第一手游客信息和意见反馈。这些信息和意见反馈对旅行社及其他旅游服务企业和部门，甚至整个旅游目的地都有重要意义。因此，导游员应做好信息收集和意见反馈工作，及时地将各方面的信息上报给旅行社，并反映转达相关的旅游服务企业和部门，以便改进旅游产品的设计，提高旅游服务质量。

第二节　导游服务的原则

一、竭诚服务的原则

游客是导游服务的对象，满足游客的需要则是导游服务的主要目的。游客是旅游活动的主体，是旅游产品的购买者和消费者。要想让游客满意，最重要的是保证旅游接待服务的质量，而旅游接待服务质量的核心是导游服务质量。因此，导游员必须在接待工作中坚持竭诚服务的原则，真心实意地为游客服务，把满足游客的需求作为其服务的出发点和归宿。为此，导游员在服务中应该努力做到以下几点。

（一）以“宾客至上”为宗旨

导游员在旅游接待中应以“宾客至上”为宗旨，树立服务意识，以游客的利益为出发点，努力维护游客的合法权益，围绕游客提供全方位、全过程的服务。导游员应时刻考虑游客的利益和要求，不要过多强调自己的困难和旅行社的得失，更不要以任何借口拒绝游客合理、可行的要求。

导游员要用“心”服务，礼貌待客，在态度、行为和言语上尊重游客，热情真诚对待游客。导游员的良好服务态度和举止对游客的旅游体验影响极大。

（二）以“等距服务”为准则

提供“等距离服务”是指导游员对每位旅游者都应一视同仁，对每位游客都同样热情、友好和礼貌，为全体游客提供同等质量的服务。导游员的职责是为全体游客服务，旅游团的每位成员都是导游服务的对象。导游员应遵守职业守则，平等待客。无论游客来自境内还是境外，也不论其具有什么样的肤色、宗教信仰、消费水平、社会地位、受教育程度等，导游员都应对他们一视同仁，平等相待，决不能厚此薄彼，根据自己的个人价值取向对游客提供有差别的服务。

（三）以“接待计划”为基础

接待计划，是指游客或其组团社与接待旅行社达成的约定或所签合同内容的具体安排计划。它反映了游客的共同需求，是游客购买旅游产品的主要兴趣之所在。游客对旅游服务的期望主要来源于他们对“接待计划”的理解。在对服务质量和满意度的评价中，游客会将其对服务的期望与他们实际所得到的关于服务的知觉进行对比。如果期望得到满足，他们就会觉得享受到了优质服务，感到满意，反之亦然。因此，导游员应将落实接待计划规定的内容放在导游服务的第一位。这是衡量导游员是否履行职责的基本尺度。

（四）标准化服务与个性化服务相结合

导游服务的标准化，是指旅行社行业为达到相应的导游服务标准而采取的以程序化、定量化、制度化为主要内容的科学方法。国家旅游局颁布的《导游服务质量》和《旅行社国内旅游服务质量要求》制定了导游服务的服务程序、质量要求和处理问题的原则，是导游员为游客提供导游服务的工作指南。导游员应按照国家和行业标准为游客提供标准化服务，这是导游员在旅游接待服务中必须达到的标准。

个性化服务是指导游员在按照规范化服务要求落实旅游接待计划之外，为满足部分游客或个别游客的合理需求而提供的服务。导游员应该充分认识到，在现代旅游活动中，游客的旅游需求多样化、个性化的趋势越来越显著。因此，导游员应掌握不同游客的需求特点，以及同一游客在各个旅游阶段的需求差异，根据旅途中的实际情况，在旅游活动的内容、导游讲解和服务形式等方面做出富于针对性的灵活安排，尽可能地做到因时、因地、因人而异，有的放矢。

标准化服务和个性化服务是构成导游服务质量的两个重要因素，缺一不可。标准化服务是基础，个性化服务是提升。导游员只有在标准化服务的基础上，向游客提供个性化服务，使二者达到完美的结合，才能成为优质的导游服务。

二、遵纪守法的原则

导游员要树立高度的法纪观念，自觉遵纪守法。导游员既是旅游行业的形象和代表，又是游客合法权益的维护者。遵纪守法是导游员提高自身素质，做好旅游接待服务工作，赢得游客尊重的重要途径。所以遵纪守法是导游员必须遵循的原则。

（一）遵守旅游行业法律法规

导游员应严格按照《旅游法》《旅行社条例》《导游人员管理条例》《导游人员管理实施办法》等旅游行业法规的规定从事导游服务工作。这些法律、法规是导游员的从业准则，其核心内容是做到规范导游员的从业行为，维护游客的合法权益。

具体地，导游员在提供旅游接待服务过程中应做到以下几点：

①不私自承揽或者以其他任何方式承揽导游业务，进行导游活动；

②不擅自增加、减少旅游项目或者中止导游活动；

③不向游客兜售物品或者购买游客的物品，不以明示或者暗示的方式向游客索要小费；

④不欺骗、胁迫游客消费或者与经营者串通欺骗、胁迫游客消费；

⑤在旅游过程中遇有可能危及游客人身安全的紧急情形时，应在得到多数游客同意的情况下，调整或变更接待计划，并应立即报告旅行社；

⑥在旅游过程中，应就可能发生危及游客人身、财物安全的情况，向游客做出真实说明和明确警示，并按照旅行社的要求采取防止危害发生的措施。

（二）遵守其他相关的法律法规

导游员在严格遵守旅游行业法律法规的同时，还应遵守国家的其他相关法律、法规，在导游服务中自觉运用法律武器，维护国家、游客、旅行社及导游员自身的合法权益。导游员应遵守国家颁布的其他相关法律法规、规范性文件、技术服务标准，用以规范自身行为，维护各方的合法正当权益。

导游员在带领游客在旅游目的地进行游览活动时，应根据相应的法律法规规范自身和游客的游览行为。

三、创造效益的原则

经济性是导游服务的基本属性之一。旅行社向游客销售的包价旅游产品或单项导游服务产品，必须通过导游员的工作方能实现其价值，并最终获得相应的收益。因此，增加经营收入，创造经济效益是旅行社提供导游服务的根本目的和要求。

另外，作为一种影响广泛的文化传播社会活动，导游服务直接或间接地起着沟通人类情感，传播精神文明，传承保护文化传统，创造人类精神财富的作用。导游服务所产生的社会效益和经济效益同等重要，两者相辅相成，缺一不可。

由此可见，导游服务必须遵循创造效益的原则，追求经济效益和社会效益的结合。

（一）经济效益

经济效益是经济活动投入与有效产出之间的比较，用价值形式表示，即为费用与收入之间的比较。导游服务创造的经济效益分为直接经济效益和间接经济效益。

1. 直接经济效益

导游服务创造的直接经济效益，是指导游员通过向游客提供导游服务而直接获取的经济效益。直接经济效益分为如下两部分。

（1）旅行社的经营收入

由导游服务直接产出的，如团费、代办费、手续费、服务费等，是通过导游员为游客提供讲解服务、旅途生活服务等活动而直接创造的经济效益。

（2）相关旅游接待部门、单位或个体的经营收入

旅行社将游客所支付的一部分旅游费用，支付给参与接待的饭店、交通、景区等相关旅游接待部门或提供此类服务的个人，从而为他们创造了经济效益。由于这些部门或个人经常通过导游员的接待服务才能更好地实现其服务和获得相应的收入，所以，导游服务为它们直接创造了一定的经济效益。

2. 间接经济效益

导游服务创造的间接经济效益，是指导游服务对旅游目的地经济和相关产业发展的促进作用。间接经济效益包括如下四个方面。

（1）接受导游员的建议，游客在包价范围以外的支出所引起的旅游目的地其他部门、单位和个人增加的收入（购物收入、邮电通信收入等），游客在这些方面的消费额不仅在旅游目的地旅游收入构成中占有较大比重，而且需求弹性也较大。

（2）导游服务对国家之间或地区之间的投资和经济交流所起的促进作用。

（3）优质的导游服务为旅游目的地和旅行社经营带来潜在客源，从而为将来赢得更多的经济效益创造了条件。

（4）优质导游服务能吸引更多的客源和提升游客的消费能力，刺激目的地的供给和消费，从而扩大当地就业，带来更多的经济效益，从而促进旅游目的地的经济发展。

（二）社会效益

社会效益是指导游服务所引起的对社会各方面的影响和作用。导游服务的社会效益主要表现为如下三个方面。

（1）导游服务质量是东道主形象塑造的关键因素。导游员的优质服务是树立旅游地形象，提高旅游地知名度和美誉度，增强旅游地竞争力的重要条件。

（2）导游服务为不同社会文化背景的人扫除交流障碍，加强沟通，增进不同国家或地区人民之间的了解和友谊，有利于促进和平事业的发展。

（3）导游服务有助于推进不同国家或地区之间文化和科技的传播与交流。

第三节　导游服务的特点

一、独立性强

导游员受旅行社委派，带领旅游团（者）外出旅游。在此期间，导游员与游客朝夕相处，向他们提供全方位和全过程的服务。由于旅游团（者）在整个旅游过程中，需要进行频繁的地理空间转换，所以导游员必须经常远离旅行社所在地及旅行社领导及其同事而执行接待任务。因此，独立性强成为导游服务的一个显著特点。导游服务的独立性主要表现在以下四个方面。

（一）协调关系

导游员代表旅行社执行旅游计划，独自带领游客开展各项旅游活动，需要独立完成许多组织协调工作。首先，导游员需要按照旅游接待计划，针对游客的年龄、职业、性格、兴趣等情况，科学地组织安排团队的各项活动，独自协调与旅游团领队、游客以及各相关旅游接待单位和人员之间的关系。其次，在旅游接待过程中，导游员（主要是领队和全程导游员）每到一站，都应独自与饭店、餐馆、景点、交通部门、购物、娱乐场所及海关、银行、保险、公安等企业和单位联络协调，友好合作，从而顺利履行合同，落实接待计划，提高旅游活动质量。最后，在外地或者境外旅游期间，导游员作为游客权益的代言人，应代表游客与当地各个相关方面独立进行交涉，维护游客的合法权益。

（二）导游讲解

导游员在实际讲解过程中，需要根据不同游客的文化层次、审美情趣、兴趣爱好，及时调整自己的讲解内容，使导游讲解具有较强的针对性，以满足不同游客的需要。这项工作必须由导游员独立完成，他人无法替代。

（三）化解矛盾

在旅游过程中，组团旅行社和接待旅行社之间、游客之间、旅行社与游客之间、旅行社和单项旅游产品供给者之间，以及游客和目的地居民之间都可能出现各种问题和矛盾。这些问题和矛盾的产生往往不可预见，具有较大的随机性。导游员往往无法及时向旅行社领导请示，必须按照旅行社的相关规定和旅游接待计划或旅游合同的约定，根据以往的经验，独立进行处理，化解矛盾，保证旅游活动的顺利进行。

（四）处理事故

在旅游过程中，有可能发生诸如交通事故、治安事故、饭店火灾事故、游客食物中毒、游客伤病、游客亡故等突发事故。由于事发突然，导游员往往来不及向旅行社请示，必须立即独立做出决定并进行初步处理。

二、关联度高

关联度是指事物之间发生牵连和影响的程度。由于旅游消费活动的连续性和不可复制性，旅游服务上任何一个环节出现差错都有可能造成整个旅游接待工作的功亏一篑。导游服务作为旅行社接待工作的中心，连接着其他各项旅游服务，涉及旅游行业的方方面面，具有很高的关联度。导游服务关联度高的特点要求导游员要随时根据情况的变化在报告旅行社后对旅游接待工作做适当调整，使整个旅游接待过程环环相扣，保证旅游接待计划的顺利执行。导游服务关联度高的特点主要表现在以下两个方面。

（一）高度依赖各方配合

导游员的工作高度依赖旅游接待服务中其他相关部门和单位的配合和支持。一个完整的旅游产品包括旅游活动的六大要素，即食、住、行、游、购、娱等内容，是由许许多多的单项旅游产品组合而成的。这些单项旅游产品又是由各自独立、性质不同、功能各异的旅游供给部门分别提供的。一次成功的旅游活动需要这些环环相扣的各旅游供给部门的共同努力和通力协作，旅游服务链条上任何一个环节出现问题，都势必会影响旅游活动的正常进行，使游客感到不满或失望，从而影响整体旅游产品的质量。

除了导游讲解服务外，导游员为游客提供的其他各项服务都需要得到旅游接待服务中有关部门如旅行社接待部门、住宿、交通、景区、娱乐、商业等部门的配合和支持。它们提供的服务对游客的旅游活动来说不仅是必不可少的，而且是密切关联的。任何一个环节的服务出现偏差都会对旅游活动产生不利的影响，使原本出色的导游服务黯然失色。因此，关联度高的特点要求导游员应有全局观念，在工作中头脑清醒，思维缜密，有较强的协调能力和公关能力，以保证游客的旅游活动按计划顺利进行。

（二）广泛影响各个方面

导游员在旅游接待工作中起着关键作用，其服务质量将会直接影响其他旅游接待部门的服务质量。由于导游员是游客在旅游过程中相处时间最长，交往最密切的旅游服务人员，所以，游客对旅游服务质量的整体评价和对旅游目的地的印象与导游服务质量的优劣有很大关系。换言之，游客对所享受到的各种旅游接待服务的评价，对旅游目的地的印象，对与当地人民交流的感受都取决于对导游服务的满意程度。这从另一个角度体现了导游服务关联度高的特点。

三、跨文化性

跨文化是指对于与本民族文化有差异或冲突的文化现象、风俗、习惯等有充分正确的认识，并在此基础上以包容的态度予以接受与适应。人们外出旅游，不仅仅是为了度假休闲享受，更多的是以体验异域文化、获取异地知识为目的。因此，求新、求异、求知、求美就成为游客重要的旅游需求。导游服务是传播文化的重要渠道。导游员通过其精心的导游服务，可以帮助游客更好地感受旅游目的地的风俗文化，丰富其精神文化生活，增进游客对旅游目的地和当地居民的了解。导游服务的跨文化性特点主要表现在以下两个方面。

（一）跨文化性的内涵

跨文化性是指跨越不同文化的差异所进行的文化传播和交流。由于世界各国不同的民族都有各自特有的生活方式、价值观念和思维模式，对于文化内涵的理解也必然会存在差异。一个民族的文化贯穿于该民族社会生活的方方面面，并以此显示出这一民族与其他民族的区别，这种区别就是文化差异。

在旅游活动中，游客来到异国他乡，进入一个异质文化区。在游客眼睛里所见到的一切都是陌生的、新奇的，有的可以理解，有的不可理解。对异质文化的探索、了解和体验，借以开阔视野，增长知识，是人们从事旅游活动的动机之一。而游客所在地与旅游目的地之间存在的巨大文化差距，导致文化交流和欣赏的障碍。这就需要导游员进行引导和讲解，需要导游员跨越不同的文化范畴，弥合文化差异，使不同文化背景的游客实现对旅游目的地文化的理解和感悟。

（二）跨文化交流

由于导游服务具有跨文化性的特点，所以，为了圆满地完成接待任务，满足不同国家游客的需要，导游员在工作中必须要看重这种文化的差异性。任何文化都有其固有的信仰、生活制度、思维方式、道德规范、价值观念等，而处于一种文化的核心地位的，起决定性作用的是文化价值观。不同的文化价值观决定了人们对事物的看法、态度，决定了人们对事物的评判标准。而不同文化价值观的人们在相似情景中表现出不同的行为反应，对待同一事物甚至表现出相反的态度。导游服务的这一特点要求导游员不仅要通晓本国和本地区的文化，而且要通晓客源输出地的文化，能根据外国游客的心理需求和行为方式，有针对性地采取有效方法进行文化传播、沟通与交流，为游客提供令其满意的服务。

导游服务跨文化性的特点，要求导游员扮演起民间文化大使的角色。每个导游员在自己的接待服务中，既要向外国游客传播中国文化，同时也通过游客，了解和熟悉异质文化，从而促进世界各民族人们之间的文化交流，增进理解和友谊。

复习思考题

□ 关键概念

导游服务　　导游讲解服务　　旅途生活服务

□ 课堂讨论题

2.1 导游人员在服务中应该努力做到哪些方面？
2.2 导游服务的社会效益主要表现在哪些方面？
2.3 导游服务的独立性表现在哪些方面？

□ 思考题

2.1 导游讲解服务对导游服务具有什么意义？
2.2 若在导游过程中出现了由于文化差异造成的不愉快，导游应该如何化解？
2.3 举例说明导游服务的效益性的表现。

□ 实训题

通过网络资料查询或与导游面谈等形式，了解导游服务中可能出现的一些违规违法的情况，并提出合理的解决办法。

□ 自测题

2.1 导游讲解服务可分为（　　）。
A. 面上讲解　　B. 线上讲解　　C. 点上讲解　　D. 即兴讲解
2.2 导游服务的业务领域可以大致归纳为（　　）三大类。
A. 导游讲解服务　　B. 旅途生活服务
C. 信息咨询服务　　D. 票务订购服务
2.3 简述旅途生活服务的基本要求。
2.4 名词解释：间接经济效益
2.5 根据所学的知识，对下面的案例进行分析。

一对老年夫妇打算在隐居乡野之前进行最后一次远途旅游，并报名参加了××旅游社的“远走欧洲”旅游项目。在旅途中，两位老人是整个旅游团中唯一的70岁以上的老人，全陪导游从乘机出发到返程回国的整个途中都对老人的生活起居、身体健康等关心备至，还采取一定的方式化解其他游客对老人身体素质造成旅游进度稍慢而产生的不满情绪。在全陪导游的努力之下，整个旅途氛围和谐，老人对最后一次旅行十分满意，并将该旅行社极力推荐给许多具有巨大消费潜力的朋友。

从以上案例可以分析得出什么结论？

第三章　导游员的基本素质与知识结构

学习目标

3.1　导游员的基本素质

3.2　导游员的知识结构

3.3　导游员的能力要求

- 关键概念
- 课堂讨论题
- 思考题
- 实训题
- 自测题

通过本章学习，你应该达到以下目标。

知识目标： 熟悉导游员的知识结构特点，了解导游员应具备的基本素质。

技能目标： 具备较高的组织协调能力，能够在紧急情况下妥善处理所出现的问题。

能力目标： 能够较熟练地进行旅游景点讲解、沿途导游，并能够较好地解答游客的提问。

第一节　导游员的基本素质

一、职业素质

导游员的职业素质是指导游员所应具有的良好个人品质。这是导游员胜任旅游团接待工作的必要条件。导游员应该具备的职业素质包括以下八个方面。

（一）热情友好，爱岗敬业

导游员应该性格开朗，待人热情，活泼睿智，富于幽默感，使人看上去心情总是十分愉快。导游员在接待过程中应该热情地关心旅游团内的每位游客，经常地嘘寒问暖，提供富有人情味的服务，使游客产生一种宾至如归的感觉。

导游员应该具有强烈的敬业精神，热爱导游工作，真诚热情地为游客服务，精力充沛地投入旅游团的接待工作中。导游员应该积极发挥自己的聪明才智和主观能动性，不怕吃苦，任劳任怨，出色地完成旅游接待任务，让游客高兴而来，满意而归。

（二）态度乐观，不惧困难

导游员在接待旅游团时，经常会遇到各种意料不到的困难，如飞机航班延误、旅游途中遇到车祸、旅游团内有人生病、旅游团内个别游客对旅行社的某些安排表示强烈不满等。在困难面前，导游员应该表现出乐观的态度，让游客觉得困难并不像原先想象的那么严重，增加克服困难的勇气。因此，导游员必须是一个乐观主义者，一个在任何困难面前都不会丧失信心的人。那种一遇困难便惊慌失措、怨天尤人的人不可能成为一名合格的导游员。

（三）意志坚定，处事果断

坚定的意志和处事果断的工作作风是导游员成功地带领一个旅游团完成旅游活动的重要因素。无论担任领队、全程陪同，还是地方陪同，导游员都必须在旅游团面前表现出充分的自信心和抗干扰能力。导游员应该坚定不移地维护旅游团和旅行社的正当权益，坚持要求有关方面不折不扣地执行事先达成的旅游合同或其他合作合同。

在遇到比较棘手的问题时，导游员应能保持冷静，头脑清醒，善于透过纷乱复杂的表面现象，迅速找到问题的实质，果断地采取适当措施，尽快地将问题解决好。

（四）待人真诚，讲求信誉

导游员必须具有待人真诚的品质，无论对旅游团还是对旅行社，都必须讲求信誉，做到言必信，行必果，一切事情必须光明正大，不得背着旅行社同旅游者、旅游中间商或其他旅行社做私下交易。导游员不应做假账，虚报各种开支，也不能欺骗游客，损害游客的利益。导游员不得讲有关他所服务的旅游团或旅行社的坏话。这样做既不公平也不明智，最终会使人对导游员产生恶劣的印象。

（五）文明礼貌，举止端庄

整洁的衣着、端庄的仪表和潇洒大方的言行举止会给导游员增添几分气度，而衣着不整、形象邋遢、口出秽言的导游员则使人感到不可信任。因此，导游员的衣着必须整洁、得体，仪表应端庄、大方，表情要自然、诚恳、稳重，让人看上去总是精神饱满、朝气蓬勃。在接待旅游团的过程中，导游员要讲求礼貌服务，使用礼貌语言，面部应经常带着微笑，使游客感到舒心、满意。导游员应努力克服不符合礼仪的生活习惯，切忌对游客漠不关心，态度生硬。

（六）顾全大局，团结协作

顾全大局是导游员应具备的基本素质之一。导游员在接待过程中，不可避免地要同许多部门、单位、企业和个人进行合作。在合作的过程中，有时会因各种原因使导游员同这些部门、单位、企业或个人发生误会甚至冲突。当这种情况发生时，导游员应该能够做到以大局为重，在一些非原则性的问题上委曲求全，不可意气用事，尽量向对方解释，设法取得谅解，以消除误会，加强双方之间的合作。

另外，导游员应能够在接待过程中经常注意游客的情绪，发现不和谐的苗头时，应及时加以调解，使整个旅游团在团结和睦的气氛中顺利度过旅游全过程，留下对旅游活动的美好记忆。

（七）遵纪守法，依法办事

导游员应成为遵纪守法的模范，自觉地维护国家的各种法律法规，严格地按照旅行社的各项规章制度办事。导游员应该熟悉有关旅游行业和消费者权利的各项法规，能够运用法律保护旅行社和旅游者的正当权益，并勇于同各种违反国家法律和旅行社规章制度的行为做斗争。

（八）勤奋好学，不断进取

导游员应具有强烈的进取精神，勤奋好学，不断用各种知识充实自己的头脑，导游员不仅要努力学习书本知识，还要通过实践进行学习和锻炼，将书本知识同实践经验结合起来，提高自己的知识水平和业务能力。另外，导游员还应虚心向他人学习，向旅行社的同事们学习，向各有关部门、单位和企业的人学习，向游客学习，向一切有知识、有实践经验的人学习，不仅学习他们的成功经验，还要了解他们的失败教训，避免重蹈他人的覆辙。

导游员在学习书本知识或他人经验时，切不可照抄照搬，而应通过自己的头脑进行思考和分析，找出适合自己实际条件的知识和经验加以运用，并努力通过不断的学习和实践，总结出具有独创性的经验和理论，用以指导今后的旅游接待工作。

二、专业素养

为了做好导游服务工作，导游员不仅应具有乐于为游客服务的职业素质，还应具有较高的专业素养。导游员的专业素养由职业基础技能和专业气质素养所构成。

（一）职业基础技能

导游员的职业基础技能是指通常所说的导游员在导游服务中的“导游基本功”，主要包括以下三个方面。

1. 表达能力

表达能力是导游员应具备的基本专业素质内容之一，是导游员的“专业基本功”。由于导游员的讲解主要是在旅游景区（景点）现场进行口头讲解以及在往返途中的即兴讲解，所以，导游员的表达能力主要是指口头表达能力。导游员的语言要正确、通俗、简练，要有感染力。

2. 观察能力

导游员的观察能力主要包括两个方面。

（1）能够迅速地发现游客的问题，并能较准确地找出产生差误的主要原因，以便有的放矢地引导游客自己改正差误。

（2）能够随时观察游客动态，如发现有“瞠目状态”（可能对导游员的讲解或引导难以理解）或“不屑听取状态”（可能对导游员所讲的感到过于浅显而烦琐）时，应采取及时反馈措施，以便对原设计的导游讲解过程进行必要的调节。

3. 聆听能力

导游员的聆听能力是指准确地听清游客口头提出问题的能力。由于游客来自不同国家或地区，具有不同的文化传统背景，可能所提出问题的角度和方式与本地区的习惯不同。导游员应能够在仔细聆听游客提出的问题的同时，迅速而准确地判断出游客提问的实质，以便能够有针对性地进行回答。

（二）专业气质素养

专业气质素养是指导游员特有的身心特征与基本素质的综合体现。它反映了导游员个人的风度与特点，是导游员经过长期自我修养和知识积淀所形成的。导游员的专业气质素养使其能够与其他专业人士明显地区别开来，成为导游员身份的象征。导游员的专业气质素养包括出口成章、从容淡定、善体人意、举止优雅等要素。

1. 出口成章

导游员的重要服务形式之一是导游讲解，是导游员以口语表达的方式向游客介绍和解说旅游景点的各种知识和回答游客提出的各种问题。面对游客，导游员应能够如数家珍地讲述旅游景点产生的条件、形成的历史、主要的特色及相关的成语典故。导游员在解答游客提问时，应能够做到对答如流。在背诵一些诗词、对联、名句时，应能够出口成章。总之，导游员的这种专业气质使游客从内心产生对导游员的敬佩，从而能够更加信任导游员的导游讲解。

2. 从容淡定

在旅游过程中，导游员始终是游客的主心骨和依赖对象。在游客面前，导游员应永远保持乐观的态度，面对纷繁复杂的情况，能够始终从容淡定，不为困难的形势所吓倒， 也不为奢靡风气所诱惑。当危险出现时，导游员应能够挺身而出，设法排除险情，化险为夷，带领游客平安、顺利地完成旅游活动，获得美好的旅游经历。

3. 善体人意

导游员应善于体谅人，学会换位思考，能够细心观察游客的行为举止，从他们的一举一动、一颦一笑中发现游客心中的想法和实际需要，并加以妥善地处理和解决，使游客感受到导游员及派遣他（她）的旅行社无微不至的温暖和体贴，产生宾至如归的感觉，从而在旅游活动结束后留下美好的记忆，成为旅行社忠实的顾客。

4. 举止优雅

在旅游接待工作中，导游员不仅代表委派他（她）的旅行社，而且是旅游目的地的形象代言人。因此，导游员应随时注意自己的言行举止，在待人接物时应彬彬有礼，注重礼节礼貌。导游员的谈吐应文雅风趣，不卑不亢，给游客留下良好的印象。

三、身体素质

导游服务是一种脑体高度结合的工作，要求从事这一工作的导游员具备较好的身体素质。导游员的身体素质包括生理素质和心理素质。

（一）生理素质

导游服务工作是一项十分繁重的脑力劳动和体力劳动。导游员每天不仅要提供大量的导游讲解服务，还要从生活的各个方面照顾那些来自不同国家或地区，具有不同文化传统和生活习惯的游客。在旅游过程中，导游员经常是全团中第一个起床和最后一个就寝的人，而且还要经常面对各种意料不到的困难，需要不断地解决各种问题，调解各种纠纷，协调各方面的关系。另外，导游员在提供导游服务的过程中还应能走路，会爬山，能够不间断地进行工作，能够适应各地的不同气候条件和饮食习惯，总是以不知疲倦的精神面貌出现在游客面前。这些工作会消耗导游员的大量体力和脑力，有时甚至会弄得导游员心力交瘁。因此，导游员必须具有健康的体魄，精力旺盛，充满朝气，才能胜任繁重的导游工作。

（二）心理素质

心理素质是人的整体素质的重要组成部分。心理素质是以生理素质为基础，在实践活动中通过主体与客体的相互作用，而逐步发展和形成的心理潜能、能量、特点、品质与行为的综合。导游员必须能够在纷繁复杂的旅游环境中，始终保持心理上的平衡，排除各种干扰因素，不因一时的挫折而灰心，也不为蝇头小利所诱惑。因此，良好的心理素质是导游员从事导游服务工作所必须具备的条件之一。

第二节　导游员的知识结构

一、旅游专业知识

（一）旅游知识

导游员所从事的是一种旅游工作，其服务对象是游客。导游员服务于某一家旅行社或某几家旅行社，并且在接待过程中经常要同各种旅游服务部门、单位或企业打交道。因此，导游员应该学习旅游学的基本知识，了解现代旅游的性质、种类和特点，熟悉游客的类型及其流动规律、旅游资源的功能及特点、旅游业的构成及其主要支柱产业、旅游活动所产生的积极和消极影响等。这些旅游知识对于导游员做好导游服务工作起着重要的作用，它可以使导游员更好地了解其接待对象，针对不同游客的特点提供有的放矢的导游服务。

（二）旅游客源地知识

导游员应该具有关于旅游客源地的知识，如客源地居民的文化传统、风俗习惯、礼俗禁忌、思维方式、价值观念等。通过对旅游客源地情况的了解，导游员在接待过程中可以针对来自不同旅游客源地的游客的具体情况，提供适合他们需要的服务。

（三）旅游目的地知识

导游员应了解旅游目的地的概况，熟悉当地旅游设施的基本条件、价格水平、服务方式等情况。导游员需具备的旅游目的地知识包括：①进入和离开该地区的主要交通工具种类、抵离的时间、票价；②当地饭店的数量、档次、坐落地点、客房出租价格、服务项目；③餐馆的数量、风味特点、价格水平、坐落地点；④主要旅游景点的位置、门票价格、开放时间；⑤商店分布情况、旅游纪念品的销售场所、价格水平、当地可供游客选购的土特产品名称、基本价格等；⑥当地居民对于游客的态度；⑦目的地政府对游客的态度、优惠政策、旅行限制等。如为出境团，还应了解目的地国家的货币兑换、海关、边防检查等规定。

（四）旅游服务知识

导游员在旅游的整个过程中，除了带领游客参观游览外，还要安排好游客的交通、食宿等旅行生活事宜，并维护游客的安全。为此，导游人员应熟练地掌握旅游服务的各种规程和知识，如民航票务、出入境手续、航空行李托运、铁路交通运输和公路交通运输知识以及必要的卫生防病、货币、邮电通信、保险、安全救护知识等。

二、社会人文知识

（一）语言知识

导游员在导游服务中使用的最重要的工具是语言。熟练地掌握一门以上的外国语或地方方言是以入境旅游团和出境旅游团为主要服务对象的导游员必不可少的任职条件，而接待国内旅游团的导游员则应具有较好的汉语言知识。只有精通接待对象所使用的语言，导游员才能够较好地同游客进行沟通，介绍旅游目的地的风土人情、民俗文化，把原本毫无生气的旅游景点渲染得栩栩如生，增加对游客的吸引力，使游客对旅行社的接待服务感到满意。

一般来说，导游员在学校里会学习各种语言知识。除此之外，导游员还应该在平时加强自学，不断提高运用语言的能力。例如，使用外国语进行导游讲解的导游员除了到专门教授外国语的学校学习外，还可以在接待外国游客时向游客请教，学习活的语言。以汉语言为导游工具的导游员则可以通过日常与同事们的交流切磋及在实际导游过程中不断总结，提高语言水平。

（二）心理学知识

导游员在提供导游服务的全部过程中，时刻都要同游客、参与接待旅游团的其他人员、不同旅游服务部门、单位、企业的有关人员、同旅游团接待工作相关的其他部门人员打交道。不同的人具有各自不同的思维方式、价值观念、生活习惯和文化传统。导游员在与他们相处时应该注意了解对方的心理活动，有的放矢地进行导游讲解，提供旅途生活服务，搞好相互之间的合作。因此，导游员应学习和掌握一些心理学知识。

（三）美学知识

美学知识是导游员所需具备的重要知识，它能够帮助导游员在导游服务中满足游客的不同审美需求。欣赏旅游目的地国家或地区优美的自然风光，品味当地的文化艺术和民俗风情，是许多游客到异国他乡从事旅游活动的重要原因。由于不同国家、地区和民族的文化历史传统各异，异域的许多优美事物中有很多是游客平时所不接触、不熟悉的东西。在未经熟悉这些事物的人加以介绍和引导之前，游客往往难以真正领略到其中的奥妙。因此，帮助游客获得最大的美的享受，就成为导游员义不容辞的责任。导游员应该通过不断的学习，掌握一定的美学知识，学会用生动形象的语言向游客介绍美的事物，同时还要因势利导，正确调节游客的审美行为，使他们能够得到美的享受。

（四）历史、地理等文化知识

历史、地理等文化知识是导游员在导游服务过程中不可或缺的重要知识。在导游员的导游讲解中，必然会涉及大量的历史、地理等文化知识。这些知识包括范围很广，如天文知识、地理知识、中外历史知识、民间传说、历史典故、名人轶事、文学名著等。掌握这些知识对于导游员生动形象地向游客介绍旅游景点具有重要意义。因此，导游员应努力学习和积累这些知识，以便能够更出色地完成旅游接待任务。

（五）生活常识

生活常识对于导游员的导游服务工作具有很大的帮助。导游员可以运用生活常识解决在导游服务过程中出现的许多问题。导游员在导游服务工作中所需掌握的生活常识包括两个方面的内容：一是旅行常识，如海关知识、交通知识、通信知识、卫生常识、货币知识、保险知识、急救知识等；二是日常生活常识，如预防疾病的知识、接人待物的知识、选购商品的知识等。其中的一部分生活常识可以通过读书、培训等方式获得，而大部分生活常识则需要在日常生活中不断积累。导游员要做“有心人”，平常应留意身边发生的各种事情，经过长期的总结和积累，使自己成为一个生活常识丰富的人。

（六）民俗知识

民俗是民间风俗的简称，是指一个国家或民族中广大民众所创造、享用和传承的生活文化。民俗是重要的旅游吸引物，旅行社能够以当地民俗为基础，设计和开发出众多的旅游产品。同时，由于导游服务的对象——游客来自不同的国家或地区，其民俗习惯亦千差万别。所以，导游员应学习和掌握一定的民俗知识，熟悉当地及客源地的服饰民俗、饮食习俗、居住民俗、人生仪礼民俗、社会组织民俗、社会交往礼仪、岁时节日民俗、精神信仰民俗、民间语言文学、民间游娱竞技、民间禁忌等民俗，以便更好地为游客提供优质的导游服务。

三、政策法律知识

导游员在为游客提供导游服务时，必须严格遵守国家颁布实施的法律法规。在境外服务时，还应遵守目的地国家（地区）的法律法规。导游员应在法律允许的范围内进行导游服务工作，绝不能为了达到某种目的或获得某种利益而违反法律。同时，导游员还应指导游客在旅游活动中遵守相关法律法规，使其避免因误犯法律而受到惩罚，从而影响其旅游活动的正常进行。因此，导游员首先应该学习和掌握足够的法律知识，不仅熟悉我国的宪法和其他法律法规，还应了解旅游目的地国家的相关法律法规。

（一）宪法知识

宪法是一个国家的根本大法。宪法规定了该国的社会制度和国家制度的基本原则、国家机关的组织和活动的基本原则，公民的基本权利和义务等重要内容，涉及生活的各个方面。宪法具有最高的法律效力，是制定其他法律的依据，一切法律、法规都不得同法律相抵触。

导游员必须学习和熟悉我国宪法的主要内容，领会其各项基本原则，在宪法的框架内履行其服务职责，为游客提供优质的导游服务。

（二）旅游法律知识

旅游法律法规，是指调整与规范旅游活动中产生各种社会关系的法律、法令、规章、条例、标准与条约的总称。目前，在我国实施的旅游法律法规包括：《中华人民共和国旅游法》、《旅行社条例》、《导游人员管理条例》、《旅行社投保旅行社责任保险规定》、《旅行社质量保证金赔偿暂行办法》、《旅行社质量保证金赔偿试行标准》、《中国公民出国旅游管理办法》等。这些法律法规是专门规范旅游经营者、旅游者、旅游组织、旅游行政管理部门等旅游法律关系主体的行为准则，也是指导和规范导游员及游客行为的法律准则。因此，导游员必须熟悉和掌握这些旅游法律知识，以便能够在旅游接待工作中自觉地运用法律武器保护游客和旅行社的合法权益，减轻或杜绝各种违法行为对游客和旅行社的侵害。

（三）相关法律知识

导游员除了必须学习和掌握宪法知识和旅游法律知识之外，还应熟悉和掌握与旅游活动、旅游经营管理及导游服务相关的各种法律知识。这些相关的法律法规包括《中华人民共和国民法通则》《中华人民共和国消费者权益保护法》《中华人民共和国合同法》《中华人民共和国担保法》《中华人民共和国保险法》《中华人民共和国外国人入境出境管理法》《中华人民共和国外国人入境出境管理法实施细则》《中华人民共和国公民出境入境管理法》《中华人民共和国行政复议法》《中华人民共和国行政处罚法》等。虽然这些法律法规并非专门适用于旅游部门，但是它们调整与规范旅游活动中产生的社会关系，使得导游员在导游服务工作中能够做到有法可依，从而更好地为游客提供服务。

（四）外国（地区）法律知识

随着我国出境旅游活动的蓬勃发展，导游服务的地理范围已扩展到世界上绝大多数国家和地区。因此，作为提供出境旅游陪同服务的导游员（领队），必须了解旅游目的地国家或地区的法律知识，以便能够在导游服务中遵守当地的法律法规，并指导游客避免违反那些法律法规，以保证旅游活动的顺利进行。

第三节 导游员的能力要求

一、导游讲解能力

导游讲解服务是导游服务的重要环节。良好的讲解能力是导游员最重要的基本功之一。通过导游讲解，导游员得以与游客建立起和谐互信的工作关系，帮助游客跨越文化和社会障碍，引导游客赏景审美，调节游客旅途雅兴。导游讲解服务贯穿参观游览全过程。导游员通过不同形式的讲解服务达到与游客交流思想感情、指导游览过程、传递审美信息、传播文化思想的目的。讲解服务的职业特性要求导游员具备较高的专业讲解能力。

二、组织协调能力

游客的接待，尤其是旅游团队的接待是一项组织性和协调性都很强的业务活动，要求担当此项工作的导游员具有较强的组织能力和协调能力。导游员在接待旅游团的过程中要按照旅游合同制定和执行活动日程，并带领旅游团顺利完成预定的旅游活动。在这个过程中，导游员要做大量的组织工作，将各项活动组织和落实好。此外，导游员在接待过程中需要协调各个方面的关系，如旅行社同游客的关系，旅行社同饭店、民航、旅游景点的旅游服务供应部门的关系，领队、全程导游员和地方导游员三个方面之间的关系，旅游团内不同游客之间的关系，导游员所在的旅行社接待部门同该旅行社的计调部门、销售部门、财务部门等相关部门之间的关系等。导游员在接待中应注意讲究工作方法，根据具体情况采取适当的应付措施。

三、应急处理能力

应急处理的能力是导游员在接待旅游团时所应具备的第三种能力。在旅游活动中，导游员应能够较好地应对和妥善地处理各种突发事件，以保护游客的人身、财产安全，维护旅行社的合法权益，保证旅游计划的顺利实施。导游员应在平时注重突发事件的应对知识学习和处理技能的训练，准备各种突发事件的应对和处理预案。当突发事件发生时，导游员应能够保持头脑冷静，按照相应的应急处理预案，从容不迫地加以应对和处理。

复习思考题

□ 关键概念

职业素质　专业素养　导游能力

□ 课堂讨论题

3.1　导游人员的独立工作能力和创新精神主要表现在哪些方面？
3.2　导游员的知识结构由哪些因素所构成？
3.3　导游员在接待旅游团的工作中所需掌握的旅行常识主要包括哪些？

□ 思考题

3.1　服务技能中的智力技能对于导游服务质量具有什么意义？
3.2　举例说明美学知识对于导游服务的重要性。
3.3　应该怎样理解"一名优秀的导游人员应具有指挥家的水平，也要有演员的本领"？

□ 实训题

在课堂上模拟一次导游经历，遵循导游人员应该具备的基本素质与知识结构的要求来完成导游人员在旅途中的任务，总结导游人员在工作中应该着重注意的素质和知识要求。

□ 自测题

3.1　导游员应具备的基本素质是（　　）。
A．职业素质　　B．专业素养　　C．工作能力　　D．身体素质
3.2　旅游专业知识包括（　　）。
A．旅游知识　　B．旅游客源地知识
C．旅游目的地知识　　D．旅游服务知识
3.3　了解海外旅游者在我国的法律地位及其权利和义务对导游服务的重要意义。
3.4　名词解释：应急处理的能力
3.5　根据所学的知识，对下面的案例进行分析。

××国际旅行社接待了一个 100 余人的日本曹洞宗大团，去宁波参观旅游。由于是大团，到宁波后分成四个小团，分别乘坐 A、B、C、D 四辆旅游车。在宁波游览期间，A 号车上的地陪为"讨好"游客，在讲解中，对日本大加赞赏，而对宁波则大放厥词，此车上的日本随员听后脸色凝重。晚上，日本随员召集四辆车上的地陪开会，对 A 号车上的地陪表示了不满与抗议，他气愤地说："宁波是曹洞宗的发祥地，宁波也是美丽的地方，我多次带团来宁波，这几年宁波各方面的变化极大。正是因为这地方不错，所以我组了这 100 多位渴望了解宁波的客人。然而今天，A 号车上的地陪却当着我的游客的面诋毁宁波，这是对我的不尊重，也是对我工作的不支持。为此，我要求全陪立即打电话给宁波地接社，撤换地陪，同时要求该地陪向 A 号车上的游客道歉。"

问题：根据本章内容，应该如何评价案例中宁波地方导游员的行为？

第四章　导游员的服务技能与规范

学习目标

4.1　导游服务的类型

4.2　导游服务的规范

4.3　导游服务的技能

■　关键概念

■　课堂讨论题

■　思考题

■　实训题

■　自测题

通过本章学习，你应该达到以下目标。

知识目标： 掌握不同类型导游服务的服务规范，了解导游服务的类型。

技能目标： 能较好地掌握地方导游服务技能、全程导游服务技能和定点导游服务技能。

能力目标： 能够较熟练地运用导游服务规范，为游客提供优质的导游讲解服务。

第一节 导游服务的类型

一、地方导游服务

地方导游服务是指旅游目的地的地方接待社委派导游员，按照组团旅行社提供的旅游接待计划，在当地向游客提供的导游服务。提供地方导游服务的导游员简称“地陪”。地方导游服务的目标是按照接待计划的要求和组团旅行社派出的全程导游员的意见和建议，安排和开展游客在当地停留期间的各项旅游活动，使游客的旅游消费如期、如愿、顺利地进行。地方导游服务的主要内容包括安排组织旅游活动、提供导游讲解服务、保护游客旅游安全和排除旅游故障。

（一）安排组织旅游活动

地方接待社及其派出的导游员应按照组团旅行社提供的旅游接待计划、全程导游员的建议和游客的具体情况，安排和组织旅游活动。具体地，地方接待社应根据旅游接待计划的要求，制定旅游团（者）在当地的旅游活动日程，设计游览线路，与全程导游员密切配合，组织和安排游客在当地的行、游、住、食、购、娱等方面的消费活动。

（二）提供导游讲解服务

提供导游讲解服务是地方导游服务的重要内容。地方导游员应在当地的参观游览过程中及往返途中为游客提供导游讲解。地方导游员应在导游讲解中结合游客的实际需要，注意游客的反应，随时解答他们的问题，积极介绍当地的旅游资源。

（三）保护游客旅游安全

地方导游员应保护游客在当地旅游期间的人身及财产安全，这种地方导游服务内容，也是地方导游员及其所代表的地方接待社所必须履行的义务。因此，地方导游员应在游客在当地旅游期间注意保护游客的人身和财物安全，做好事故防范和安全提示工作。在遇到危及游客生命和财产安全的紧急关头，应设法提供及时报警、引导疏散、紧急避险、协助抢救等服务。

（四）排除旅游故障

地方导游员应在游客在当地旅游期间，积极采取各种措施，设法排除干扰游客旅游活动正常进行的各种旅游故障，如游客走失、丢失钱物、丢失证件等。地方导游员应设法取得全程导游员和游客的理解与支持，针对故障的严重程度和解决故障的难易程度，按照旅行社制订的预案，及时加以排除。对于那些导游员无法凭借个人努力加以排除的旅游故障，地方导游员应积极进行协调，或报告地接社，或报告有关部门，尽早予以排除。

二、全程导游服务

全程导游服务是指由全程导游员向游客提供的导游服务。全程导游员是组团旅行社派出的全权代表，对安排接待的旅游团队负有全责。由于接受服务对象的出行目的地分为国内的旅游目的地和境外的旅游目的地，全程导游服务也分为国内旅游的全程导游服务和出境旅游的全程导游服务。在我国的导游员队伍中，提供国内全程导游服务的人员称为全程导游员，简称“全陪”；提供境外全程导游服务的人员称为“领队”。全程陪同导游服务的目标是：贯彻和落实组团社制订的旅游接待计划，使旅游者的旅游活动如期、如愿、顺利地进行。全程导游服务的主要职责如下。

（一）检查监督计划

旅游接待计划分为两个类型。第一种类型的计划是指旅游客源地组团社根据其与游客之间达成的旅游合同所制订的接待服务计划；第二种类型的计划则是旅游目的地组团社根据其与旅游客源地组团社达成的合作协议，针对旅游目的地的实际情况制订的旅游服务计划。

全程导游员作为组团社派出的代表，其首要职责即为检查和监督各地的接待社及其派出的地方导游员执行旅游接待计划的情况。全程导游员在旅游过程中如发现地方导游服务中出现减少旅游项目、降低质量标准等的情况，应及时向地方接待社及地方导游员指出并提请予以纠正或进行弥补，必要时应向组团社报告。

（二）联络协调各方

全程导游服务的一项重要内容是就旅游过程中有关旅游事宜同旅游目的地的地方接待社进行协调与联络，做好旅游行程中各站之间的衔接。全程导游员或领队应及时向地方接待社转达游客的意见和要求，协调游客、地方导游员和相关接待单位人员之间的关系。

（三）全程陪同游客

全程陪同游客是全程导游服务的重要内容。全程导游员应自始至终陪同游客的旅游活动，向游客介绍整个旅游行程与旅游期间的注意事项，利用长距离旅行之机进行专题讲解，回答游客的问询，开展市场调研，照顾好游客的旅途生活。陪同入境旅游团队的全程导游员和陪同出境旅游团队的领队在必要时还应为游客提供翻译服务。

（四）处理旅游故障

全程导游服务的内容还包括维护游客在旅游过程中的人身和财物安全。全程导游员应在整个旅游过程中做好安全提醒工作，配合地方导游员、地方接待社及有关方面处理可能发生的旅游故障，对重大旅游事故要及时报告组团社，做好游客情绪安定工作，帮助游客解决因某些旅游事故带来的生活困难。

三、定点导游服务

定点导游服务是指一些旅游接待部门或企业在固定场所为游客提供的导游服务。定点导游服务包括旅游景区、自然保护区、博物馆、纪念馆、名人故居等地的导游服务。从事定点导游服务的人员称为定点导游员，包括景区的导游员和博物馆、展览馆等场所的讲解员。定点导游员通过导游和讲解，使游客对该景区、景点或参观地的全貌和主要特色有较为全面的了解，并增进他们对保护环境、生态系统或文物意义的认识。定点导游服务的主要内容包括定点讲解、问题解答和安全提示。

（一）定点讲解

定点讲解是指导游员（讲解员）向游客介绍该景点的基本内容和相关知识，并按照一定的游览路线进行分段讲解。定点讲解的主要内容通常包括：①景点概况（开设背景、开设目的、历史沿革、占地面积、景点布局、主要景观等）；②沿途景点介绍；③相关知识介绍；④参观游览的有关规定和注意事项。

（二）问题解答

问题解答是指定点导游员（讲解员）在引导游客参观游览过程中，随时解答游客关于景点知识及相关知识的问题。

（三）安全提示

安全提示是指定点导游员在导游讲解过程中对游客提出的安全警示，避免因不慎造成摔伤、碰伤等。

第二节　导游服务的规范

一、地方导游服务规范

地方导游服务规程是指地方导游员在当地接待旅游团或游客中应遵行的服务程序和服务标准。地方导游服务规范包括以下五个方面的内容。

（一）服务准备

地方导游员做好接待前的各项准备工作是向游客提供良好服务的前提。游客对于旅游接待服务是否满意、旅游接待计划能否圆满实施在很大程度上取决于各站地方导游员的导游服务。地方导游服务工作千头万绪，事无巨细。地方导游员应在事前做好充分准备，以避免临阵出错或手忙脚乱。地方导游服务的准备工作主要有以下几个内容。

1. 计划准备

计划准备是指对接待的游客所做的预先计划安排，它包括熟悉接待计划、制定旅游活动日程、落实有关接待事宜。

（1）熟悉接待计划

地方导游员在接到旅游接待计划后，应认真阅读、思考，对其中的重点或疑难点要做记录，阅读时应弄清旅游团（者）的基本情况，如人数、性别、国籍、年龄、职业、宗教信仰以及领队和全程导游员的姓名；该旅游团（者）抵离当地的时间、所乘的交通工具和使用的交通港（机场、车站、码头）；该旅游团（者）的服务项目、接待要求、接待标准、费用结算方式；该旅游团（者）的特殊情况和注意事项，如有无老弱病残游客，有无需办理通行证地区的参观游览项目，有无交通票需注意的问题等。

（2）制定旅游活动日程

地方导游员应根据旅游接待计划安排的日程，结合游客的特点以及全程导游员或领队的建议统筹制定旅游团（者）在当地的旅游活动日程。日程安排应遵循的原则有：

①合理而可能地满足游客需求的原则；

②张弛适度、劳逸结合的原则；

③旅游线路经济的原则。

（3）落实接待事宜

地方导游员应在接待旅游团（者）的前一天同有关单位和人员核实接待旅游团（者）的车辆、司机以及接头的时间和地点；核实旅游团（者）在当地下榻的饭店客房、用餐准备情况；核实接运旅游团（者）的行李情况；落实旅游团（者）离开当地的出票情况以及计划内旅游团（者）的会见、宴请、风味餐的单位、人员、礼品等情况。

2. 知识准备

地方导游员要接待好旅游团（者），尤其是专业性旅游团（者），应做好导游讲解、翻译、应答的知识和外语词汇准备。知识包括专业性知识、特殊或新开游览点知识、旅游目的国或地区的有关知识和旅游客源国或地区的有关知识。

3. 心理准备

地方导游员在接待每个旅游团（者）之前都要做好常变常新的准备。对游客来说，他们是第一次来该地造访。地方导游员应以迎接新来客人的心态去做好各项服务工作。为此，地方导游员在接待旅游团（者）前首先应调整好自己的心态和情绪，尽快进入为游客竭诚服务的角色状态。其次，地方导游员还应对游客在旅游过程中可能出现的旅游故障以及来自游客的抱怨和不满有心理准备，以便沉着、冷静地应对。

4. 物品准备

地方导游员在接待旅游团（者）前应准备好接待期间所需的各种物品，如接待计划、导游证、胸卡、导游旗、接站牌、行李牌、导游图、门票结算单、名片、记事本等。

（二）迎接服务

迎接服务是地方导游员在旅游团（者）面前的初次亮相，应为游客留下良好的第一印象。因此，地方导游员应彬彬有礼、热情稳重地在迎接地点迎接旅游团（者）的到来。迎接服务包括四项内容：迎接游客、途中导游、入店服务和核商日程。

1. 迎接游客

为了迎接游客，地方导游员应在迎客前做好有关准备，在迎客时，既要热情友好，又要沉着冷静，不要出现错接。

（1）迎客前的服务准备

地方导游员在出发迎接旅游团（者）之前，应做好以下的服务准备工作：

①向机场（车站、码头）问讯处问清飞机（火车、轮船）到达的准确时间（问讯一般在飞机预定抵达前 2 小时，轮船在预定抵达前 1 小时）；

②通知旅行车司机出发时间、商定接头地点，并告之活动日程和具体时间；

③提前半小时抵达迎客机场（车站、码头），与司机商定旅行车停放位置；

④在机场（车站、码头）再次确认旅游团（者）到达的准确时间；

⑤与行李员联系，告知行李运送的地点；

⑥持接站标志在出站口醒目位置迎候旅游团（者）。

（2）游客抵达后的服务

游客到达时，地方导游员应提供以下服务：

①高举接站牌或导游旗从游客的民族特征、人数和组团社社旗进行分辨，主动认找旅游团（者），问清组团社名称、全程导游员或领队的姓名；

②如所接旅游团（者）无全程导游员或领队陪同，应向游客核实旅游团团名、人数、国别（地区）及团员姓名；

③地方导游员与全程导游员、领队等人接头后，应核实游客的实到人数，并向游客表示欢迎；

④如旅游团（者）的人数与接待计划不符，要及时通知地方接待社；

⑤在机场，地方导游员应协助游客将行李集中在一个地方，与全程导游员、领队等人一起清点行李，当确定行李无丢损后，交行李员运送；

⑥如游客的行李有破损或确定有丢失，应协助当事人到机场登记处办理行李损坏或丢失的赔偿申报手续。在火车站，地方导游员要向全程导游员或领队索要行李托运单，点清后交行李员；

⑦地方导游员在提醒游客带齐随身手提物品后，在前方引导游客到达停车位置，站在车门一侧，面带笑容搀扶或协助游客上车；

⑧游客落座后，地方导游员应默默清点人数，当确认游客到齐后，请司机开车。

2. 途中导游

途中导游是指旅游团（者）从接站地点至下榻饭店之间的沿途导游服务。这段行程的服务是地方导游员首次向游客提供的导游服务。除了热情友好的态度之外，地方导游员还应在气质、学识和语言方面展现其职业素养，以赢得游客的信赖，给他们留下可信、可靠的良好印象。这段行程的服务主要包括致欢迎辞、介绍本地概况、沿途风光导游和下榻饭店的介绍。

（1）致欢迎辞

旅行车启动后，地方导游员应站在旅行车的前部位置，面向游客致欢迎辞。致欢迎辞时，地方导游员的态度要热情，感情要真挚，内容要依情而异，语言要朴实有趣。欢迎辞一般包括向游客问候，介绍自己和司机，代表地方接待社表示欢迎，表明自己的服务宗旨，祝愿游客旅游愉快等。但是这样的欢迎辞显得过于平淡，各地都千篇一律，容易引起游客的厌烦。因此，地方导游员应在此基础上，结合所接游客的特点和心理，使其欢迎辞具有一定的独特性，以争取先入为主的良好导游效果。

（2）本地概况介绍

游客新到一地，一般都希望对当地大致情况有所了解。地方导游员应根据游客的这种心理，简要介绍当地情况。所介绍的内容应包括所在地名称、地理位置、人口、气候、发展概况、社会生活、文化传统、土特产品等。

（3）沿途风光导游

地方导游员在进行沿途风光导游时应简明扼要，取舍得当，见人说人，见物说物，要与游客观赏兴致同步，灵活机动，反应敏捷。

（4）下榻饭店介绍

地方导游员应在途中向游客介绍下榻饭店的基本情况，以便游客对饭店有所了解。这样做有利于安定游客的心理。饭店介绍的主要内容包括名称、地理位置、距机场（车站、码头）的距离、饭店星级、规模、主要设施、设备、服务项目等。

3. 入店服务

由于游客乘坐长时间的交通工具而来，比较劳累。因此，当游客到达饭店后，地方导游员应迅速帮助游客安顿下来，使之能很快进入客房休息。入店服务包括以下内容。

（1）协助办理入住手续

游客抵达饭店后，地方导游员要协助领队和全程导游员办理住店登记手续，请领队分发住房卡。地方导游员应掌握全程导游员、领队和游客在饭店入住的房间号，并将自己的联系电话告诉全程导游员和领队。地方导游员应向游客介绍饭店内中西餐厅、娱乐场所、商品部、外币兑换处、公共洗手间的位置，就餐形式、就餐时间、就餐地点、餐厅的有关规定以及住店注意事项，并向全团宣布第二天的活动安排、集合时间与地点。

（2）照料行李进房间

旅游团（者）的行李抵达饭店后，地方导游员应会同地方接待社的行李员及饭店的行李员核对旅游团（者）的行李件数，并督促和协助行李员将行李尽快送至游客的房间。在核对时，若发现行李丢失，地方导游员应分析可能丢失的环节，尽快通知地方接待社的行李员帮助寻找；若核对无误，而有的游客仍未收到行李，地方导游员应通知饭店的行李员在饭店内寻找。

（3）协助处理游客在饭店的各类问题

旅游团（者）下榻饭店后，如发现客房未打扫干净、卫生设备不符合清洁标准、空调器发生故障或房间有蟑螂等问题，提出换房的要求时，地方导游员应立即通知饭店派人前来打扫、修理；如不能马上修理，地方导游员应要求饭店方面为游客更换房间；如游客因住房朝向问题或与同房间的游客有矛盾提出换房，地方导游员应请该旅游团的领队在旅游团内调配房间或出面调解；如调解未果，而饭店又有空闲房间，地方导游员可协助领队向饭店方面提出增加房间的请求。但是，地方导游员应请领队或全程导游员向该游客申明，由此产生的单间费用须由游客自理；如果当时饭店没有空闲房间，地方导游员应向游客耐心解释，并表示歉意。

（4）带领游客用好第一餐

游客在饭店用第一餐时，地方导游员应主动引领他们到达餐厅，并将全程导游员或领队介绍给餐厅经理或其他主管人员，告知游客的特殊要求。

（5）通知叫早时间

当日旅游活动结束，游客返回饭店后，地方导游员应与全程导游员或领队商定次日的叫早时间，请领队或全程导游员通知全团，地方导游员则通知饭店总服务台。

4. 核商旅游日程安排

核对和商定旅游团在当地的日程安排是地方导游员在游客抵达后的一项重要工作，标志着旅游团（者）与地方导游员之间实质性合作的开始。如果在核商日程安排时，双方之间出现了不同意见，地方导游员应根据实际情况采取相应的对策。

（1）活动日程需做较小的修改

如果旅游团（者）或其领队、全程导游员要求对活动日程做较小的修改或增加个别新项目，对于那些合理而又可能满足的要求地方导游员应尽力予以安排，并及时向地方接待社的有关部门汇报。如果因此而需要增加收费，地方导游员应向领队、全程导游员和游客讲明收费的金额。在征得旅游团（者）同意的情况下，地方导游员可以对活动日程做适当调整。

（2）活动日程需做较大的修改

如果旅游团（者）或其领队、全程导游员要求对活动日程做重大修改，从而可能导致旅游接待计划发生较大变动或涉及接待的规格变动，原则上地方导游员应予婉言拒绝，指出地方接待社不能片面违反旅游合同；如果对方确有特殊理由而又坚持其要求时，地方导游员必须请示地方接待社的有关部门领导，按照地方接待社领导的指示或调整活动日程，或婉言拒绝对方的要求。

（3）旅游计划与接待计划明显不相符

在核商旅游活动日程时，如果地方导游员发现地方接待社发给他的接待计划与旅游团领队或全程导游员出示的旅游计划之间存在明显差异，应立即向地方接待社领导汇报，并请求迅速查明原因，以便分清责任，及时调整。如果经审查，发现是地方接待社方面出现的差错，地方导游员应实事求是地说明情况，进行适当调整，并向领队、全程导游员和游客道歉。如果确认是组团社方面的差错，则应委婉地向旅游团领队或全程导游员说明，并请他们配合地方导游员按照原定的接待计划安排旅游活动日程。

（三）参观游览服务

参观游览是旅游活动的核心内容，也是地方导游服务的中心环节。对游客来说，参观游览的成功与否是他们评判导游服务质量的重要因素。因此，地方导游员应认真准备，精心策划，热情服务，生动讲解，使游客详细了解景点或参观点的历史背景、内容和特色，获得美的享受。地方导游员提供的参观游览服务主要包括出发前的准备、沿途导游、景点（参观点）的导游讲解和翻译三项内容。

1. 出发前的准备

地方导游员在带领旅游团（者）出发，前往旅游景点（参观点）之前，应做好当日参观游览活动的各项准备工作，以保证旅游活动能够有条不紊地进行。

（1）准备物品和协调有关事宜

地方导游员在出发之前，应做好以下准备工作：

①准备好携带的导游旗、导游证、胸卡和门票结算单；

②提前 10 分钟到达集合地点，以便招呼早到的游客，应对可能发生的突发情况；

③督促司机准时将旅行车开至集合地点；

④如果当天安排游客在其他餐馆、饭店用餐，应核实餐饮单位预订的落实情况。

（2）清点人数和引导游客登车

当游客集中后，地方导游员应清点人数。如果发现某些游客尚未到达，地方导游员应向领队、全程导游员或其他游客问明原因，设法寻找。如果个别游客愿意留在饭店或不随团活动，地方导游员应问清情况并协助安排，必要时报告饭店有关部门。上车前，地方导游员应向游客介绍当日天气预报和游览点的地形以及行走路线的长短，提醒游客带好衣服、雨具或换鞋。

（3）组织游客上车

地方导游员应站在车门一侧，组织游客上车，并协助年老体弱的游客登车。上车后，地方导游员应再次核点人数。经清点，游客人数无误后，地方导游员应请司机开车出发。

2. 沿途导游

在旅游车前往参观游览点的途中，地方导游员应主动向游客介绍沿途的风土人情、景物风光，并简要介绍即将游览参观的景点（参观点）的概况，以增加游客对本地情况和旅游景点（参观点）的进一步了解。在沿途导游过程中，地方导游员应做好以下两项工作。

（1）重申当日活动安排

开车后，地方导游员应再次向游客详细介绍当天的活动安排，包括用餐的时间和地点，上、下午的游览参观项目及所需时间与简要情况，以激发游客的游兴和满足一些游客先行了解情况的心理。

（2）沿途风光导游

在乘车前往旅游景点（参观点）的途中，地方导游员应向游客介绍沿途的景物、风光，回答游客的问询，并介绍本地的风土人情和当日国内外重要新闻。如果途中时间较长，地方导游员还应适当地组织娱乐活动，以活跃车上的气氛。

3. 景点（参观点）导游讲解和翻译

景点（参观点）的导游讲解和翻译是地方导游服务的主要环节，是传播当地文化和丰富游客知识的主要途径。因此，地方导游员一方面要在对景点透彻了解和对游客细心体察的基础上运用所掌握的知识和朴实无华、亲切自然的语言进行深入浅出的讲解，另一方面又要将繁简适度的讲解同引导游览、观赏结合起来，将适当集中与相对分散结合起来，使导游活动有张有弛，劳逸适度。在这一阶段，地方导游员应做好以下四项工作。

（1）游览前的导游讲解

在游览景点之前，地方导游员应讲清参观游览所需的时间、结束后集合的时间和地点，提醒游客记住旅行车的型号、颜色、标志、车号以及参观游览中的注意事项，如有些景物不能拍照、景区内禁止吸烟等。在景点的示意图前，地方导游员应讲明游览路线，并对景点做一概括性介绍，如景点的历史背景或自然成因、景点的规模和主要特色、各景观的名称与含义等，使游客对景点有一个轮廓性印象。讲解的方式可用陈述式，也可用问答式。

（2）游览中的导游讲解

进入景点（参观点）后，地方导游员应按预先设计的游览路线进行导游讲解，以提高景点导游讲解的整体效果。导游讲解应主次分明，快慢相宜。如果导游员选择观赏价值高、趣味性强的重点景观或景物，应进行详细讲解，讲解的速度可适当放缓，给游客留下思索和欣赏的空间；在介绍一般性景观或景物时，则可一带而过，讲解的速度可适当加快。地方导游员应把景点讲解与引导游览结合起来，在集中讲解后，给游客留有自由游览的时间。

（3）参观点的翻译

海外游客、少数民族游客到达参观点，地方导游员往往需担任翻译任务。地方导游员在参观点担任翻译时，应正确表达参观单位的主人讲话的含意，使用的语言应通俗易懂。如果主人的表达中有不妥之处，地方导游员在翻译前应予以提醒，请其纠正。如果来不及提醒，地方导游员可改译或不译。如果主人介绍中涉及政治或有价值的经济情报，地方导游员应在翻译时注意把关，但事后应向主人说明。

（4）返程的导游讲解

游客结束在景点游览或在参观点参观，返回住所的途中，地方导游员应帮助游客回顾当天的参观、游览的内容，必要时做些补充讲解，并解答游客的问题。如果旅行车不从原路返回，地方导游员应做好沿途的风光导游。回到饭店后，地方导游员应在游客下车前预报晚上和次日的活动日程、出发时间和集合地点。下车时，地方导游员应照顾游客下车，然后向他们告别。

（四）其他导游服务

旅游活动是丰富多彩的，游客除了主要进行参观游览之外，还会参与一系列其他活动。这些活动是参观游览活动的延续和补充，地方导游员应做好这方面的服务工作。

1. 在外用餐服务

地方导游员为游客在饭店以外的其他餐馆或饭店提供的用餐服务分为旅游活动中在店外餐馆用餐和品尝地方风味餐。

（1）在店外餐馆用餐

在店外餐馆用餐是指根据旅游活动的安排，地方导游员带领游客在饭店以外的餐馆用餐活动。对于这种用餐活动，地方导游员应事先核实旅行社计调部门联系的用餐地点、时间、人数、标准和特殊要求。用餐时，地方导游员应引导游客进餐厅入座，介绍餐馆和菜肴的特色，向领队或全程导游员告知自己和司机的用餐地点及餐后的出发时间。

在用餐过程中，地方导游员应至少巡视游客用餐情况一两次，查看餐馆是否按规定的标准供应菜肴，有否卫生等质量问题，询问游客对菜肴的意见和要求。如果发现餐馆提供的饭菜存在质量问题，或游客提出合理且可行的要求，地方导游员应及时同餐馆联系，进行纠正或调整。如果游客提出加菜、加酒、加饮料等要求且允诺自理相应的费用，地方导游员应与餐馆方面联系，予以满足。如果个别游客因团内矛盾不愿与其他游客共同用餐，地方导游员应请领队或全程导游员予以调解。如果该游客坚持单独用餐，并承诺费用自理，地方导游员可与餐馆方面联系，设法予以解决。如果游客提出推迟用餐、换餐或自行用餐，并要求返还餐费，地方导游员应进行耐心解释。用餐后，地方导游员应严格按实际用餐人数、标准、饮用的酒水数量，如实填写《餐费结算单》，与餐馆方面结账。

（2）品尝地方风味餐

游客品尝地方风味餐活动分为：

①旅游计划上已经安排的品尝地方风味餐活动，简称计划内风味餐；

②旅游计划上未予安排，游客临时提出的品尝地方风味餐活动，简称计划外风味餐。对于计划内的风味餐，地方导游员应确认用餐的人数、标准和时间，并予以落实。对于计划外风味餐，地方导游员应协助游客同有关餐馆联系。风味餐订好后，如果游客反悔，提出退餐的要求，地方导游员应奉劝游客在约定的时间前往餐馆就餐，说明不去用餐须赔偿餐馆的相应损失。如果游客邀请地方导游员共赴餐馆品尝风味餐，地方导游员可视情况予以允诺。但是，在这种情况下，地方导游员应注意在用餐时不能反客为主。不管是计划内风味餐，还是计划外风味餐，地陪都应向游客介绍菜肴的吃法，并进行广泛交谈。

2. 购物服务

购物是旅游消费的一个重要组成部分，对旅游目的地具有重要的经济意义。同其他旅游消费项目相比，游客的购物消费弹性最大。因此，做好购物服务的意义重大。

（1）购物前应提醒的注意事项

购物前，地方导游员应向游客讲清在商店的停留时间及购物的注意事项。如果境外游客打算购买古玩和中草（成）药，地方导游员应告知我国海关的有关规定。游客购物时，地方导游员需当好游客的参谋，热情如实地介绍商品及其特点，必要时承担翻译工作。

（2）对游客购物中有关问题的处理

在游客购物过程中，如果商店向游客销售假冒伪劣商品或不按质论价，地方导游员应同商店负责人进行交涉，以维护游客的合法权益。在景点（参观点）游览参观时，如果遇到小贩强拉强卖，地方导游员应提醒游客不要上当。如果游客购物后，发现商品有质量问题或计价问题，要求地方导游员帮助退换时，地方导游员应以目的地的声誉和游客的利益为重，积极协助解决。如果在自由活动时间，游客要求地方导游员陪同前往商店购物，而地方导游员当时没有急事要办，可予以答应，并陪同前往；如果地方导游员确实有其他事情，不能陪同前往，可协助游客订车和写上中文便条（商店名称、地址和饭店名称）让其带上。如果游客需要托运所购买的物品，地方导游员可予以协助；如果游客要求地方导游员代购商品并帮助托运，地方导游员一般应予婉拒，若推脱不掉，应请示地接待社后按相关规定办理。

3. 文娱活动服务

文娱活动是旅游活动的一部分，旅行社通常在旅游接待计划中都有安排。一方面，组织和安排文娱活动可以向游客传播文化知识；另一方面，文娱活动能够丰富游客的旅行生活。

（1）计划内的文娱活动

计划内的文娱活动是指旅游计划上明确要求地方接待社安排的文娱活动。地方导游员应按照旅游计划的要求和安排，主动陪同游客前往娱乐场所观赏，并在途中对节目的内容和特点向游客做概要介绍。入场时，地方导游员应引导游客入座，介绍剧场的设施和位置，回答游客的问题。在观看节目时，地方导游员可适当指点，但不宜逐一解说。剧间休息和剧终散场时，地方导游员提醒游客注意安全，不要走散和遗忘物品。

对于游客在文娱活动上提出的个别要求，地方导游员应酌情处理。如果游客提出不看计划内的文娱节目，而要观看另一场演出，且时间许可，又可能调换，地方导游员可请地方接待社的计调部门予以调换。如果无法安排，地方导游员应向游客耐心解释，告知票已订好，不能退换，请其谅解。如果游客仍然坚持，地方导游员可予协助办理，但费用须由游客自理。如果旅游团内的一部分游客要求观看另一场演出，处理方法同上。如果决定分路观看两场演出，且两场演出地点处于同一线路，地方导游员可与司机商量，尽量为他们提供方便；如果不同路，地方导游员可协助安排车辆，但车费须由游客自理。

（2）计划外的文娱活动

计划外的文娱活动是指旅游计划上没有安排，由游客自己提出并自费观赏或参加的文娱活动。在当地旅游期间，如果游客提出自费观赏或参加某项文娱活动的要求，地方导游员一般应予以协助，如帮助购票、租车等。在此情况下，地方导游员应提醒游客注意安全，但通常不陪同前往。如果游客要求去不健康的娱乐场所，地方导游员应有礼貌地进行劝阻，指出不健康的娱乐活动在中国是禁止的，是违法的。

4. 会见活动服务

外国游客在华旅游期间，会见活动时有发生，如会见同行、会见某方面负责人、会见亲友等。在这些会见活动中，地方导游员应提供相应的服务。如果外国游客提出会见的要求，地方导游员还应提供翻译服务。在会见前，地方导游员应设法了解双方是否互赠礼品，礼品中有无应税物品。如果外国游客赠送的礼物系应税物品，地方导游员应提醒其办妥必要的手续。如果外国游客要求会见其在华亲友，地方导游员应协助联系，但一般不参加会见。如果外国游客要求会见该国驻华使、领馆人员，地方导游员应协助联系，但一般不宜陪同前往。

（五）送站服务

送站服务是地方导游服务的最后一环。地方导游员应善始善终，使游客能够安全顺利地离开当地，并使其遗留的问题得到及时妥善的处理。送站服务主要包括送站前服务、离店服务、送行服务三项内容。

1. 送站前服务

（1）核实交通票据

地方导游员应在旅游团（者）离开当地前，认真核实交通票据。核实交通票据的服务分为离境前的核实和中途站的核实两种类型：

①出境前的核实。如果当地是入境旅游团（者）在华旅游行程的最后一站，且已定妥回程国际或地区航班座位，地方导游员应提醒或协助该旅游团的领队在所拟乘航班离境 72 小时以前向民航部门确认机座；

②中途站的核实。如果当地是旅游团（者）在旅游行程中的中途站，地方导游员应在游客离站前一天，核实旅游团离开的机（车、船）票，内容包括团名、代号、人数、全陪姓名、去向、航班号（车次、船次）、起飞（开车、启航）时间、离站的机场（车站、码头）等。如果地方导游员在核实中发现航班（车次、船次）或时间有变更，应及时向地方接待社的内勤了解是否已将变更情况通知到下一站，以防下站漏接。

（2）商定行李出房时间

商定行李出房时间的服务分为四个步骤：

①离站前一天，地方导游员应向地方接待社的行李员了解其与饭店行李员交接游客行李的时间；

②地方导游员应与饭店的行李部商定饭店行李员与旅游团的全程导游员、领队、地方导游员共同交接旅游团行李的时间；

③地方导游员同旅游团的领队、全程导游员共同商定游客行李的出房时间；

④向游客通知行李的出房时间，讲清行李托运的有关规定和注意事项。

（3）商定集合出发时间

地方导游员应首先同旅行车司机商量旅游团离店时间；然后，将离店的时间通知领队、全陪；最后，及时通知游客。按规定，如果旅游团乘坐火车、轮船离站，应提前半小时抵达车站或码头；如果乘坐国内航班，要提前 1 小时到达机场；如果乘坐国际航班，要提前 2 小时到达机场。

（4）安排叫早和早餐时间

如果旅游团次日离站时间较早，地方导游员应同领队、全程导游员商定叫早和早餐时间，并通知饭店有关部门和游客。如果因乘早班飞机或火车需改变游客用餐时间、地点和方式（如带盒饭），地方导游员应通知饭店有关部门做出安排。

（5）协助游客处理与饭店的有关事宜

离站前一天，地方导游员应提醒和督促游客尽早与饭店结清洗衣费、长途电话费、食品饮料费等。如果游客损坏了客房中有关设备，地方导游员应协助游客妥善处理向饭店的赔偿事宜。

2. 离店服务

（1）交运游客行李

旅游团离开饭店前，地方导游员应与领队、全程导游员共同清点游客行李的件数（包括全陪行李），检查行李是否锁好、捆扎好。然后，地方导游员应按照事先商定的时间将托运的行李交付饭店行李员，填写行李运送卡。地方导游员应当着行李员的面点清行李件数，并告知领队和全程导游员。

（2）提醒游客有关事宜。

离开饭店前，地方导游员应询问游客是否结清了与饭店的账目，提醒游客带好物品，请他们将客房钥匙交还服务台。地方导游员应及时与饭店办好退房手续。如无特殊原因，地方导游员应在当日中午 12:00 以前将离店手续办理完毕（或通知有关人员办理）。

（3）协助游客登车

上车时，地方导游员应站在车门一侧，搀扶和协助游客登车。游客上车入座后，地方导游员应仔细清点游客人数，并再次提醒游客检查所带物品，是否有物品遗忘在饭店，同时自我检查是否保留游客的证件。

3. 送行服务

（1）致欢送辞

地方导游员通过致欢送辞，将其与游客之间的感情推向高潮，并给游客留下难忘的深刻印象。地方导游员在致欢送辞时，既要态度诚挚，又要留有余地。地方导游员所致的欢送辞应包括以下内容。

①回顾游客在当地的旅游活动，对他们的合作表示感谢，对游客的离去表示惜别之情。

②诚恳地征求游客对接待工作的意见和建议。

③对服务的不足之处表示歉意。

④期待再次重逢，祝游客的旅途平安顺利。

（2）协助办理离站手续

在这一阶段，地方导游员应做好以下四项工作。

①协助游客下车。旅游车到达机场（车站、码头）后，地方导游员应协助游客下车，提醒他们带好随身物品，并检查车内有无游客遗留的物品。

②办理行李交接手续。地方导游员应及时与地方接待社的行李员联系，将后者取来的游客交通票据、行李托运单或行李卡一一点清后交全程导游员或领队，请其清点核实。

③办理财务手续。地方导游员应与全程导游员办好财务拨款结算手续，并保管好单据。

④送别游客。地方导游员应将游客送至火车站台、轮船码头或机场安检处，待火车启动、轮船离港或飞机起飞后，方可离开。

如果所送行的游客乘国际航班（列车、轮船）由当地出境，地方导游员应同领队、全程导游员一起与地方接待社的行李员交接行李，清点无误后协助将行李交给每位游客，由游客自行携带行李办理托运手续。地方导游员应向领队和游客介绍办理出境手续的程序。

二、全程导游服务规范

全程导游服务规程是指全程导游员或领队自领取旅游接待计划起到旅游团离开最后一站，并完成善后工作为止的全过程服务程序和服务标准。全程导游员是旅游目的地组团社派出的导游服务人员，而领队则是旅游客源地派出的导游服务人员。全程导游员的主要服务对象是入境游客和国内游客，而领队的主要服务对象则是出境游客。然而，尽管派出单位和服务对象不同，但是他们在旅游过程中所担负的职责却基本相同，即为旅游团（者）提供整个旅游过程的导游服务，监督和检查地方接待社及其所派出地方导游员的导游服务工作及旅游计划的执行情况。因此，在本书中，作者将全程导游服务规范与领队导游服务规范纳入全程导游服务的范畴进行介绍。

全程导游服务可分为八大环节，每个环节的具体要求分叙如下。

（一）服务准备

由于全程导游服务的时间较长，涉及面广，加上可能出现的各种不可预测的因素，所以，担任全程导游服务的导游员要做好细致、周密的工作，为圆满完成接待任务奠定基础。服务准备工作主要包括熟悉接待计划、相关知识准备、相关物品准备、首站接待联系四项内容。

1. 熟悉接待计划

全程导游员在服务准备阶段应首先熟悉旅游接待计划，以便对于日后的全程陪同工作做到心中有数。熟悉接待计划包括两项内容：

（1）熟悉旅游团的基本情况

旅游团队的基本情况包括旅游团人数、姓名、性别、年龄、职业、国籍、宗教信仰、旅游团名称、团长、领队姓名和该团的特点，特殊要求（如会见、座谈、饮食禁忌等）和特殊游客（如残疾人、儿童、高龄老人等）。

（2）熟悉旅游团行程计划

旅游团行程计划包括抵离旅游线路上各站的时间、所乘交通工具的航班（车次、船次）、交通票是否订妥或是否需要确认以及有无变更，各站的主要参观游览项目、安排的文娱节目、风味餐食、额外游览项目以及是否收费，各地接待社的联系人、联系电话，以及旅途中可能遇到的问题与困难等。

2. 相关知识准备

全程导游员应根据旅游行程的活动安排、旅游团的特点与特殊要求，阅读和准备相关资料，充实相应的知识。准备的内容包括旅游线路所经各地的历史、地理、人口、经济、风土人情等基本情况与参观游览点的景观知识，游客所在国或地区的历史、地理、政治、经济、文化、礼俗等知识，以及有关专题讲解和问询解答知识。

3. 相关物品准备

全程导游员应带好旅游陪同的所需物品。这些物品主要有：身份证、护照（陪同出国旅游团）、通行证（陪同赴港澳台地区旅游团）、导游证、领队证（陪同出境旅游团）、社徽、胸卡等有关证件，接待计划、日程表、旅游宣传资料、各地接待社地址、电话、行李卡、全陪日志（领队日志）、记事本、讲解资料等接团资料，以及拨款结算单、支票、差旅费等单据和费用。

4. 首站接待联系

在接到旅游团并带领游客开始旅游活动的前一天，全程导游员或领队应设法与旅游目的地的首站接待社联系，互通信息，妥善安排首站接团事宜。如是陪同出境旅游团队，领队还应在行前会上向游客详细地介绍相关知识和注意事项。

（二）首站接团服务

首站接团服务是全程导游员与游客之间建立良好关系的开端。全程导游员应主动争取地方导游员的配合，使游客有宾至如归的感觉。首站接团服务主要包括等候迎客、热情介绍、入店服务、核商日程四项内容。

1. 等候迎客

（1）等候入境游客

在接待入境旅游团（者）时，全程导游员应提前半小时到达接站地点，与首站接待的地方导游员一起迎接旅游团。全程导游员应主动帮助地方导游员认找旅游团以防错接。全程导游员应向该团队的领队做自我介绍并介绍地方导游员。然后，全程导游员应立即与领队核实游客的实到人数、行李件数与住房数及餐饮特殊要求。如果发现实际情况与接待计划有出入，全程导游员应及时报告旅游目的地的组团社，由该组团社通知各接待社。全程导游员还应与领队、地方导游员一起清点游客的行李后交给行李员，由其送到游客下榻的饭店。

（2）等候本地首发的国内游客或出境游客

在陪同国内旅游团或出境旅游团时，全程导游员应提前半小时到达组团社事先与游客约定的集合地点，等候游客到来。

2. 热情介绍

全程导游员应重视与游客首次见面的介绍。导游员在介绍中既要热情饱满，又要言简意赅，以便建立与游客的信任关系。全程导游员的介绍通常与欢迎辞结合在一起，主要内容包括：向全团自我介绍；代表组团社和个人对游客表示欢迎；表示愿为他们提供服务的真诚愿望；概略介绍旅游行程；预祝旅游顺利愉快等。如果迎接的是入境旅游团，全程导游员还应向全团介绍地方导游员。

3. 入店服务

（1）入境旅游团

当入境旅游团抵达下榻饭店后，全程导游员应该积极主动地协助领队办理旅游团住店手续；请领队分配住房，掌握住房分配名单，与领队互通各自房号以便联系；热情引导游客进入客房；如果地方导游员不住饭店，要掌握与其紧急联系的办法，并照顾好全团；记下饭店总服务台电话。

（2）本地首发的旅游团

当本地首发的旅游团（包括国内旅游团和出境旅游团）抵达下榻饭店后，全程导游员或领队应在地方导游员的协助下，及时办理旅游团的入住手续，根据游客的要求和旅游协议的约定分配住房，并掌握住房分配名单。全程导游员与领队应互相通报各自房间号，并在地方导游员的帮助下引导游客进入客房。如果地方导游员不住在游客下榻的饭店，全程导游员或领队应掌握与其紧急联系的办法。

4. 核商日程

全程导游员或领队应与地方导游员核对和商定旅游日程安排。在核商中应以接待计划为依据，尽量避免较大修改。对于地方导游员提出的计划变更建议，全程导游员或领队应要求其做出合理解释。如发现地方接待社对活动日程做了较大变动，全程导游员或领队应及时向组团社报告，使组团社能够及时了解情况，并做出相应的对策。日程商定后，由全程导游员或领队向全团宣布。

（三）各站服务

全程导游员或领队对旅游线路上的各站服务，要做好联络、检查、督促和协助工作，使各站之间有机衔接，各项服务适时、到位，使接待计划得以全面顺利实施，同时做好游客的人身和财物安全工作，使可能发生的突发事件得到及时、有效处理。

1. 联络

全程导游员或领队应在离开上一站之前向下站通报旅游团的情况，内容包括离抵的确切时间、所乘航班（车次、船次）、有无人员变动、游客要求、自己的意见与建议等。

2. 检查督促

全程导游员或领队应向地方导游员了解当地旅游活动安排，如果发现与前站有明显重复，应建议做出调整。全程导游员或领队应在旅游过程中检查各地的旅游产品和服务的质量。如果发现地方接待社提供的旅游产品或服务低于旅游计划上约定的质量标准，或低于国家相关的质量标准，全程导游员或领队应及时向地方导游员或地方接待社提出改进和弥补的要求，并在全陪日志或领队日志中注明。

3. 了解游客

全程导游员或领队应利用陪同游客之机，进一步了解游客的需要、个性与爱好，以及客源地、目的地的有关情况，耐心解答游客的问询。

4. 处理故障

在旅游接待过程中，全程导游员或领队应经常提醒游客注意人身和财物安全，保管好证件与贵重物品。在游客登车和参观游览中，全程导游员或领队应清点人数，走在全团游客的后面，密切注视周围环境和游客的动向，以防意外事故发生或游客走失。

一旦发生旅游故障，如游客患病、丢失证件或钱物、交通事故等，全程导游员或领队应协助地方导游员和地方接待社按有关原则或规定处理，重大旅游故障要及时报告组团社。

5. 当好参谋

全程导游员或领队在海外游客购买贵重物品特别是文物或我国游客在境外购买应税物品时，要提醒游客保管好发票以备出关时查验。全程导游员应劝阻游客在地摊上购买古玩。如果入境游客购买中成药、中药材，全程导游员应向游客讲明中国海关的有关规定；如果发现个别游客有走私文物的可疑情况，应及时报告有关部门。领队如果发现游客购买我国禁止出境的物品时，应及时予以劝阻。

（四）离站服务

旅游团离开各站之前，全程导游员或领队应做好离站前的有关准备工作，与地方导游员一起办妥离站的有关事宜，确保旅游团按计划顺利离站。

1. 离站前的准备

离站前，全程导游员或领队应做好以下准备工作：

①提醒地方导游员核实旅游团离站的交通工具、交通票据和离站的准确时间，如果离站时间发生变化，全程导游员或领队应及时通知下一站；

②向游客讲清航空、铁路、水运等部门有关托运和行李携带的规定，超重部分应照章缴纳超重费以及乘机离站需缴纳机场建设费等情况；

③帮助有困难的游客捆扎行李，请游客将行李上锁；

④协助地方导游员清点旅游团的行李及与行李员办理交接手续。

2. 离站时的事宜

离站时，全程导游员或领队应处理以下事务：

①与地方导游员交接交通票据、行李卡或行李托运单，逐一点清、核准，并妥善保存，以备到下站时顺利出站；

②与地方导游员按规定办理好财务手续，妥善保管好财务单据，以备组团社核算拨款之用；

③与地方导游员、旅游车司机话别，对他们的支持表示感谢；

④遇到班机延误或取消，协同航空公司安排好游客的餐饮和住宿。

（五）途中服务

在旅途中，无论是乘坐何种交通工具，全程导游员或领队应提醒游客注意安全，协助安排好他们的旅途生活，使之感到轻松、愉快。

1. 乘坐火车或轮船

当旅游团乘坐火车或轮船旅行时，全程导游员或领队应为游客分配好包房与铺位。如果需要在途中用餐，全程导游员或领队应首先安顿好游客，然后立即与列车或轮船的餐厅负责人联系订餐，讲清用餐人数、标准和客人口味。全程导游员或领队应同列车（船）长、车厢（轮船）乘务员联系，请他们协助做好游客的安全工作。

2. 乘坐飞机或汽车

当旅游团乘坐飞机或汽车旅行时，全程导游员或领队应对晕机或晕车的游客给予关怀和照顾。

3. 突发事件的处理

无论乘坐何种交通工具，如果游客突患重病或病危，全程导游员或领队应设法通知就近医院或到站医院驱车前来抢救。

（六）抵站时的服务

旅游团抵达下一站的服务包括以下内容：

①带领游客出站，全程导游员或领队应走在旅游团前面，举起社旗，以便使接站的地方导游员能够迅速认找；

②同地方导游员联系，全程导游员或领队应在出站后及时联系地方导游员；

③办理行李交接手续，全程导游员或领队应将旅游团的行李卡或托运单交给地方导游

员。如果旅游团乘坐飞机抵达下一站，全程导游员或领队应在机场取出行李后，同地方导游员一起清点，无误后，将行李转交行李员；

④组织游客上车，全程导游员或领队应协助地方导游员组织游客上车。

如果在旅游团抵达下一站时，地方导游员未能及时接站，全程导游员或领队应设法安排游客休息，并应及时与地方接待社联系。

（七）末站服务

末站服务，是指全程导游员在旅游活动即将结束期间为游客提供的各项服务。全程导游员或领队应做好末站服务工作，给游客留下美好的印象。

1. 入境旅游团离末站的工作

全程导游员应在入境游客离开末站之前，提醒和协助领队或游客落实交通票确认、行李托运等事项。全程导游员在游客离开末站的前一天晚上，应与旅游团话别或致欢送辞，内容主要包括：

①感谢领队和游客一路的友好合作；

②表示与游客共同度过了一段美好而愉快的旅行生活；

③欢迎游客下次来游，并愿再次同他们合作；

④请游客谅解导游员在工作中的不足之处；

⑤欢迎游客留下宝贵的意见和建议；

⑥提醒游客带好证件和物品。

全程导游员还应向领队和游客介绍如何办理离境手续，并将游客送至安全检查口，欢迎他们再度光临。

2. 国内旅游团离末站的工作

全程导游员应在国内旅游团结束旅游目的地的游程，准备返回出发地的前一天，提醒和协助地方导游员落实旅游团的返程交通票、行李托运、财务结算等事宜。在旅游团前往机场（车站、码头）的途中，全程导游员应致告别辞。告别辞的主要内容包括：

①代表旅游团向地方导游员和旅游车司机表示感谢；

②简要回顾与游客共同度过的美好而愉快的旅程，并代表组团社对他们的合作与谅解表示感谢，欢迎他们再次选择该组团社出游；

③代表组团社对于旅游接待服务中存在的不足之处表示歉意，并请游客予以谅解。

在旅游团抵达原出发地后，向游客一一告别，并提醒他们带好自己的行李和物品。

3. 出境旅游团离末站的工作

领队在旅游目的地末站的离站前工作主要包括以下内容：

①离站准备，在出境旅游团结束旅游目的地的旅游活动，准备返回原出发地的前一天，领队应提醒和协助地方导游员落实旅游团的回程交通票、行李托运等事宜；

②致谢，在旅游团离境前，领队应在前往机场（车站、码头）的途中，代表客源地组团社和旅游团向地方导游员和旅游车司机致谢；同时，领队还应对整个旅程简短回顾，

对游客在旅程中的合作表示感谢，对于在旅程中出现的不足之处表示歉意，希望能够得到游客的谅解，并欢迎游客日后再次选择该组团社出游；

③引导游客下车，抵达机场（车站、码头）时，领队还应协助地方导游员引导游客下车，并提醒游客带好随身行李；

④离境手续，领队应协助游客办理离境手续，包括乘机手续、海关出关手续、移民局离境手续、安全检查手续等；

⑤登机（乘车、登船），领队应按照客运部门的要求，组织游客顺利登机（乘车、登船）。

在旅游团抵达原出发地后，向游客一一告别，并提醒他们带好自己的行李和物品。

（八）后续工作

游客离去后，全程导游员或领队应认真总结带团的经验与体会，将其作为提高自己导游服务水平的重要途径。

全程导游员或领队返程后，应认真处理好旅游团遗留的问题，如游客临行前委托的事情，必要时报告组团社领导；认真按时填写《全陪日志》或《领队日志》，内容包括旅游团基本情况、旅游安排及乘坐飞机、火车、轮船的情况、各地接待服务质量、游客对各项旅游服务的满意程度、发生的问题与处理经过、游客的意见和建议；尽快向财务报账，归还所借物品；报送组团社或旅游行政管理部门所需要的其他资料。

三、定点导游服务规范

定点导游服务是导游服务的一个重要组成部分，包括旅游区、自然保护区、博物馆、纪念馆、名人故居等地的导游服务。相对于地方导游服务和全程导游服务，定点导游服务的规范比较简单，主要包括服务准备、导游讲解和告别送行的服务规范。

（一）服务准备的服务规范

定点导游的服务准备包括熟悉情况和物质准备两项内容。

1. 熟悉情况

定点导游员应了解要接待的旅游团（者）的基本情况，如人数、受教育程度、身份等；熟悉景区（景点、参观单位）的管理规定；掌握必要的环境和文物保护知识以及安全常识。

2. 物质准备

定点导游员应准备好导游图册或有关资料；准备好导游讲解的工具或器材等。

（二）导游讲解的服务规范

1. 致欢迎辞

导游员在讲解开始时应首先致欢迎辞。欢迎辞中应包括欢迎光临、自我介绍、表示为大家服务的意愿等内容。

2. 导游讲解

导游讲解是导游服务的中心工作，也是衡量导游员水平的重要方面。定点导游讲解的主要服务内容包括：

①景区简介，包括景区开设的背景、目的、基本概况、布局、参观游览线路、相关注意事项等内容；

②景点导游，包括对景区内主要游览内容的讲解、沿途介绍等；

③问题解答，包括游客关于景区游览内容提问的解答及其他问题的解答。

（三）告别送行的服务规范

送别服务中最重要的内容是致欢送辞。其内容包括：对游客参观游览中的合作表示感谢、征询意见与建议、欢迎再度光临指导等。

第三节　导游服务的技能

导游服务的技能是指导游员在服务过程中为满足旅游者需求而灵活运用的各种技巧和方法，是导游员综合素质与能力的体现。根据工作职责范围的不同，导游服务技能分为地方导游服务的技能、全程导游服务的技能、定点导游服务的技能三个类型。

一、地方导游服务的技能

地方导游员是旅行团在当地进行旅游活动的组织者和领导者，负责制定旅行团在当地的活动日程，安排和落实旅游团在当地的住宿、餐饮、游览参观、娱乐购物等服务，并担任当地旅游景点的导游讲解工作。在接待入境旅行团时，地方导游员往往还需提供翻译服务。由此可见，地方导游员需要具备的服务技能应该是最全面的，涉及导游服务的各个方面。根据工作职责范围，地方导游服务技能主要体现在导游讲解技能、活动安排技能、组织协调技能、旅游故障处理技能四个方面。

（一）导游讲解技能

地方导游服务的一项重要内容是为游客在当地停留期间提供导游讲解服务。因此，娴熟的导游讲解技能是地方导游员必须具备的基本技能。地方导游服务的导游讲解技能主要包括语言运用能力、知识运用能力和解答问题能力。

1. 语言运用能力

导游语言分为口头语言、肢体语言和书面语言。根据地方导游员的工作性质及其承担的主要服务内容，口头语言和肢体语言是其主要工作工具。因此，地方导游服务的语言运用能力主要指口头语言运用能力和肢体语言运用能力。

（1）口头语言运用能力

口头语言运用能力指地方导游员通过口头表达方式，向游客进行导游讲解的能力。首先，地方导游员在导游讲解时，应尽量使用生动活泼的口头语言，不使用或少使用书面化的语言、词汇、句式等；其次，地方导游员应在导游讲解中避免背诵现成的导游词，以免给游客留下生硬、呆板的印象；再次，地方导游员的口头语言运用能力还表现在能够熟练地运用人们喜闻乐见的表达方式，如在导游讲解中适当地插入一些成语、歇后语甚至网络流行语等；最后，地方导游员在导游讲解时应使用健康的语言，杜绝低俗、粗鄙、下流的语言和词汇等。

（2）肢体语言运用能力

肢体语言亦称体态语言，是地方导游员在导游讲解中经常使用的一种语言工具。地方导游服务中常见的肢体语言包括目光语、手势语、微笑语、服饰语、颔首语等。在地方导游讲解中，肢体语言与口头语言往往相互补充，交相辉映。地方导游员在导游讲解中，通过目光、手势、微笑、服饰、颔首等方式，帮助其表达讲解意图，能够使游客更好地理解和领会导游讲解的含义。有时，地方导游员在导游讲解中的行为举止、一颦一笑，可能起到口头语言所无法起到的效果。因此，地方导游员应注重肢体语言的学习和训练，以便能够熟练地掌握这种重要的服务技能。

2. 知识运用能力

导游讲解是一个知识密集型的工作，涉及多学科领域的知识。为了提供优质的导游讲解服务，满足游客的求知欲望，提升游客的欣赏水平，地方导游员不仅应广泛学习和掌握大量的知识，还应该在导游讲解中加以恰当的运用。由于地方导游员是旅游景区导游讲解任务的重要承担者，所以，他们必须具备较强的知识运用能力。

地方导游员的知识运用能力主要体现在以下三个方面。

（1）准确运用知识的能力

地方导游员在导游讲解中应能够准确地运用其所掌握的知识。首先，地方导游员应准确理解导游讲解中所需的知识内涵，弄清事实及其产生的原因。如果引用成语典故或名人名言，则应准确了解其出处及真实含义，切不可望文生义、人云亦云或张冠李戴，闹出诸如用“七月流火”形容天气炎热，或称颂某人为“始作俑者”之类的笑话，贻笑大方。

（2）智慧运用知识的能力

地方导游员在运用知识进行导游讲解时，应充分尊重游客的文化传统、价值观念、宗教信仰、民俗习惯等，注意某些知识点可能会伤及游客的感情，并尽量予以回避或淡化。地方导游员应尽量运用那些为双方都能够接受和欣赏的知识进行导游讲解，既能够使游客欣赏到中华文化的博大精深，又能够满足其增神益智的愿望。

（3）通俗运用知识的能力

地方导游员应尽量使用通俗的语言，深入浅出地运用相关知识进行导游讲解。除非游客是某一领域或学科的专业人士，否则，在涉及一些专业知识时，地方导游员应尽量使用通俗易懂的语言对这些知识加以诠释，使游客能够理解导游讲解的内容。在任何情况下，地方导游员不应在普通游客面前故意使用那些深奥难懂、佶屈聱牙的学术词汇，以炫耀自己的“博学多才”。

3. 解答问题能力

地方导游员在导游讲解过程中，经常会遇到游客的提问。令人满意地解答游客的问题，既能够展示地方导游员的专业能力，又能够提高导游讲解的服务水平。地方导游员解答问题的能力主要表现在以下两个方面。

（1）准确理解问题的能力

理解问题的能力是指地方导游员应在聆听游客的提问后，能够通过游客提问时的语气、表情，准确地判断游客所提问题的真实含义，并判断游客对该问题所涉及的知识了解程度以及游客的理解能力。

（2）巧妙回答问题的能力

地方导游员应具备较强的回答问题的能力。首先，地方导游员应能够对于简单明了的问题做简短明确的回答，不拖泥带水，把简单的问题弄得太复杂；其次，对于比较复杂的问题，地方导游员应能够抓住问题的实质，做出具有针对性的回答；再次，地方导游员应能够根据游客的理解能力层次，做出难易不同的回答；最后，地方导游员对于可能引起争议的问题，应采取回避的策略，不做正面的回答。

（二）活动安排技能

地方导游员负责根据旅游接待计划安排游客在当地的活动日程。因此，地方导游员必须具备一定的安排活动日程的技能。活动安排技能主要包括以下三个方面的能力。

1. 熟悉景区的能力

地方导游员应能够对当地的景区情况烂熟于心，不仅知道各类景区的坐落位置、占地规模、开放时间、停车位置、门票价格等情况和当地同类型景区的数量、坐落地点、景区规模、设施设备、开放时间、门票价格等情况；还应熟悉每个景区内的景点位置、游览路线、休息场所、旅游纪念品商店等情况。

2. 编排线路的能力

地方导游员应能够根据当地旅游景区坐落位置、当地交通设施状况、其他旅游接待设施坐落地点等情况及旅游接待计划的具体要求、旅游团队的人员构成等情况，设计和编排旅游线路。

3. 游程掌控能力

地方导游员应能够对整个游览过程加以统筹安排，使游客感到游览过程轻松自然，饶有趣味。在带团过程中，地方导游员应能够根据游客的身体强弱、年龄构成、天气状况等情况，遵循“旅速游缓”、“先远后近”、“先高后低”、“有张有弛，先张后驰”的原则，掌握旅游活动的节奏。

（三）组织协调技能

地方导游员是组织游客在当地开展游览活动的核心人物。为了保证旅游活动如期如愿地进行，让游客尽情尽兴享受旅程，地方导游员必须拥有良好的组织协调技能。地方导游员应具有的组织协调技能包括组织旅游活动、安排游客起居、协调各方关系等三个方面的能力。

1. 组织旅游活动的能力

地方导游员是旅游接待团队中的核心人物，在组织游客在当地的旅游活动工作中起着关键作用，因此，地方导游员应具有较强的组织旅游活动的能力。具体地，地方导游员的组织旅游活动的能力包括调动游客积极性的能力和组织接待集体的能力。

（1）调动游客积极性的能力

地方导游员应具有调动游客积极性的能力。在旅游接待过程中，地方导游员应设法调整游客的心态，鼓励游客积极参加当地的旅游活动项目。为了有效地调动游客参加旅游活动的积极性，地方导游员应在设计旅游活动时注意活动内容的搭配得当和活动节奏的安排合理。地方导游员在设计旅游活动时应避免活动内容的重复雷同，将不同特色的景点游览活动精心组合，并将游览、娱乐、购物等旅游活动巧妙组合，满足游客的多样化需求。

（2）组织接待集体的能力

在由地方导游员、全程导游员、定点导游员组成的导游服务集体中，地方导游员应居于核心地位。因此，地方导游员应具备较好的组织能力，能够在这个集体里，以服务游客为宗旨，充分发挥主导作用。地方导游员应能够在导游服务集体里实行合理分工，各负其责，团结协作，以保证旅游活动的顺利和游客的安全，共同完成旅游接待任务。

2. 安排游客起居的能力

人的生理活动本身就充满了节奏和运行规律，如果打破这一规律，人就会感到紧张别扭、烦躁不安，导游活动也必须符合这一节奏规律，做到有张有弛、有紧有松。为了使游客能够在紧张的旅游活动中保持健康的身体和充沛的精力，地方导游员应与相关接待单位密切沟通合作，相互支持，妥善安排游客的生活起居，让游客吃得放心，住得舒心。

（1）饮食安排

地方导游员在安排游客的饮食时，应做到以下几点：

①了解游客的日常饮食习惯，尽量避免过多地改变他们平日的饮食习惯；

②在菜单上注意营养搭配和膳食平衡，让游客多吃易于消化的食物；

③注意饮食卫生，不安排游客到卫生条件较差的餐馆就餐；

④保证游客拥有较充裕的就餐时间；

⑤在安排游客品尝地方风味食品时，应提醒游客注意自己的身体状况，不宜食用过量。

（2）住宿安排

在安排住宿时，地方导游员要尽快安排游客入住休息，并尽可能满足游客合理的住宿要求。在旅游旺季，地方导游员尤其应注意游客的房间是否按标准提供，同时帮助游客安排好行李，熟悉饭店设施，协助解决入住后的一些问题和特殊要求。

3. 协调各方关系的能力

在旅游接待工作链条中，导游服务居于中心环节，起着“牵一发而动全身”的作用。同时，导游服务必须在相关旅游服务部门及其工作人员的配合下才能够顺利开展。因此，作为导游服务集体中的核心，地方导游员必须能够妥善地处理与各方面的关系，善于协调同部门之间和不同人员之间的关系。地方导游员在工作中应能够以大局为重，不斤斤计较于个人或本部门、本企业的一时得失。总之，地方导游员应具备协调各方关系的能力，调动各方积极性，以便能够圆满地完成旅游接待任务，为游客提供优质的导游服务。

（四）旅游故障处理的技能

在导游服务过程中，经常会出现一些或大或小、各种各样的旅游故障，需要导游服务集体去处理，以保证旅游活动的正常进行。由于地方导游员通常为当地人，比较熟悉当地情况，且许多旅游故障的处理必须依靠当地的地接旅行社才能实现，所以，在处理旅游故障方面，地方导游员具有不可替代的作用。地方导游员必须具备的旅游故障处理技能主要包括熟悉旅游故障处理的原则和掌握处理旅游故障的方法。

1．熟悉旅游故障处理的原则

（1）依法处理的原则

地方导游员在处理旅游故障时，应严格遵循相关的法律法规。为此，地方导游员必须在平时认真学习《旅游法》《旅行社条例》《消费者权益保护法》《民法通则》等相关法律法规，尤其应熟悉其中涉及旅游故障处理的条款，以便能够按照相关的规定依法处理发生的旅游故障。

（2）合情处理的原则

地方导游员在处理旅游故障时，不仅应严格遵循法律法规，而且应充分照顾到相关各方的情绪，本着“与人为善”的态度，就事论事地处理旅游故障。地方导游员在处理旅游故障时不应对出现失误的部门或人员提出过多和过于严厉的批评指责，以免引起对方的反感，激化矛盾，影响日后的合作。

（3）及时处理的原则

旅游故障往往是人们事先未曾预料到的突发事件，必须抓紧处理，以防事态的进一步扩大和产生更严重的后果。因此，旅游故障一经发生，地方导游员就应当机立断，采取果断措施，尽快处理。

（4）协商处理的原则

地方导游员在处理旅游故障时，应主动与导游服务集体的其他成员共同协商，相互配合，妥善处理。如果旅游故障的处理涉及旅行社的其他部门、其他旅游服务企业或相关部门，地方导游员应主动与他们联系，协商处理的方案。在报请旅行社领导的批准后，妥善处理旅游故障。

（5）兼顾各方利益的原则

地方导游员在处理旅游故障时，应兼顾所涉及各方的利益，不能只强调其所服务的旅游团队、本部门及本企业的困难和损失，而不顾其他相关各方的困难及可能造成的损失。地方导游员在处理旅游故障时，既要解决问题，排除故障，维护游客和旅行社的利益，也要充分照顾到其他相关部门和人员的利益，让各方都能够接受。

2．掌握处理旅游故障的方法

（1）保持冷静的头脑

地方导游员在处理旅游故障时，必须始终保持冷静的头脑，认真分析故障发生的原因，透过复杂的表象发现事情的真相，以便采取适当的对策加以解决。

（2）排除旅游故障

地方导游员应根据旅游故障的性质和危害程度，按照旅行社所制定的处理预案，在全程导游员和相关人员的配合下，采取果断措施，迅速排除故障。如果旅游故障的排除难度较大，地方导游员应及时请示旅行社领导，按其指示对旅游故障进行处理，或等待旅行社派遣有关人员前来，协助其排除旅游故障。

二、全程导游服务的技能

全程导游员作为组团社的代表，应自始至终参与旅游团队全程的活动，负责旅游团在旅游过程各环节的衔接，监督接待计划的实施，协调导游服务集体中各成员的关系。全程导游员与游客相处时间长，接触机会多，这是全程导游服务的特点之一，也是全程导游服务的优点之一。

在导游服务集体中，全程导游员是配合地方导游员工作的人员，同时也是监督地方导游员执行旅游接待计划的人员。换言之，全程导游服务具有配合和监督两项职能。全程导游服务的任务与地方导游服务之间既有一定的联系，也有一定的区别。同样，全程导游服务的技能与地方导游服务的技能之间既有相同之处，也有相异之处。简言之，全程导游服务的技能主要体现在两个方面，即自身形象的定位和游客情绪的调整。

（一）自身形象的定位技能

全程导游员必须具备树立良好的自身形象的技能，在游客心目中确立可依赖、可以帮助他们和有能力带领他们安全、顺利地在旅游目的地进行旅游活动的形象。自身形象的树立既有助于游客增强对全程导游员的信任感，加强他们与全程导游员之间的合作意愿，也有助于全程导游员较深入地了解游客的需求，以便有针对性地做好导游服务工作。

为了在游客心目中树立良好形象，提高游客的信任度，全程导游员应做好以下三项工作。

1. 重视第一印象

全程导游员在接触游客的开始就应注意给他们留下一个良好的第一印象。因为第一印象常常关联着游客的信任，会在陌生者心目中留下潜影，成为对全程导游员最终评价的参考。为了能够在游客面前树立良好的第一印象，全程导游员必须注意第一次出现在游客面前时的仪表仪容、神态风度和语言表达。

（1）仪表仪容

游客在初次与全程导游员见面时，首先注意的是其仪表仪容。因此，全程导游员的衣着要整洁、得体，化妆和发型要适合个人的身体特征和身份，并与追求的风格和谐统一。作为服务人员，全程导游员要时刻注意自己的身份，衣着打扮不能太艳丽，以免夺取被服务者的风采，引起他人的不快，也不要因自己的衣着影响工作，导致游客的不满。全程导游员既不能过分修饰自己，给游客留下只顾修饰自己，不考虑照顾别人的印象；也不能衣冠不整，使游客认为他（她）是一个连自己都照料不好的人，不相信他（她）能够照顾好游客。

（2）神态风度

神态风度在第一次亮相中往往起着十分重要的作用。一个精神饱满、乐观自信、端庄诚恳、风度潇洒的全程导游员，必定会给第一次见面的游客留下深刻的印象。全程导游员的神态风度，表现在他（她）的动作、姿态、风度诸方面。全程导游员应待人自然大方，办事果断利索，站、坐、行有度，与人相处直率而不鲁莽、活泼而不轻佻、自尊而不狂傲，工作紧张而不失措，服务热情而不巴结，礼让三分而不卑躬屈膝。这样的全程导游员比较容易获得游客的信任，为其能够顺利地为游客在整个旅游过程中提供导游服务奠定坚实的基础。

（3）语言表达

语言表达也是全程导游员在游客面前树立良好的第一印象的有效途径。全程导游员在初次见到游客时，应谈吐高雅脱俗，语言幽默风趣、优美动听、快慢相宜、亲切自然。这样，全程导游员才容易获得游客的好感。

2. 不讲空话，多干实事

在导游服务中，那种信口开河、言之无物、模棱两可、华而不实的作风只能引起游客的反感。因此，全程导游员应摒弃空话和大话，做到言必行、行必果。全程导游员应牢记“轻诺必寡信”的古训，不随口许诺，不开空头支票，要让游客认为他（她）是一名可靠的、能够依赖的导游员。

全程导游员在合理而可能的情况下，应根据游客的需要为其提供个性化服务。个性化服务是全程导游员在做好旅行社接待计划要求的各项服务或规范化服务的同时，针对游客个别要求而提供的服务。为了做好个性化服务，全程导游员应想游客之所想、急游客之所急、做游客之所需。个性化服务虽然不是全团的共同要求，不涉及全团的利益，而只是针对个别游客的个别需求，有时甚至是游客旅途中的一些生活小事，但是，做好这类小事，会使游客目睹全程导游员求真务实的作风和为游客分忧解难的精神，从而产生对导游人员的信任。

3. 善于与游客沟通

全程导游员应在游客心中树立为人随和，易于共事的形象。为此，全程导游员应善于同游客进行沟通，包括意见沟通和情感沟通。

（1）意见沟通

意见沟通是指在导游服务过程中与游客产生意见分歧时，全程导游员应能及时排除，以求得与游客的意见趋于一致。为此，全程导游员要把自己的意图明确表达出来，让游客了解自己，同时要设法让游客说出自己的真实想法，以达到相互了解，在此基础上求得意见的一致。

（2）情感沟通

情感沟通是指全程导游员应促进与游客之间的情感共鸣。一方面，要满足游客正当的情感需要，如自尊的需要、友爱的需要等；另一方面，要尽量使自己的情感频率与游客的情感频率趋于一致，即乐游客之所乐，忧游客之所忧。

（二）游客情绪的调整技能

全程导游员应把主要注意力放在游客身上，向游客提供周到、细致的全方位服务，真正使他们高兴而来，满意而归。为此，全程导游员应注意调整游客的情绪，营造愉快的氛围，使他们在旅游过程中始终保持愉快的心情。

1. 调整游客的情绪

全程导游员应善于调整游客的情绪。在旅游过程中，游客会随着自己的需要是否得到满足而产生不同的情感体验。当他们的需要得到满足时，就会产生愉快、满意、欣喜、欢乐等积极的、肯定的情感。反之，需要得不到满足，则会产生烦恼、不快、懊悔、不满甚至愤怒等消极的、否定的情感。

全程导游员应该善于从言谈、举止、表情的变化去了解游客的情绪变化。因此，在发现游客有焦虑、不安、烦恼、不满、气愤等否定情绪后，要及时找出原因，采取措施来消除或调整其情绪。这些措施有以下几方面。

（1）分析说服法

分析说服法是指由于某种不可改变的原因造成游客不快，而又无法补偿时，全程导游员应加以分析、讲清道理，争取游客的理解与合作，缓和或消除否定性情绪。例如，由于交通工具拥挤等原因而不得不改变日程，导致游客还要多花时间于旅途之中，从而可能引起他们的不满。有的游客甚至大叫大嚷，愤怒抗议。此时，全程导游员应耐心向游客解释造成改变日程的客观原因，并表示歉意。全程导游员还应向游客分析改变日程的利弊，强调有利的一面，或强调改变日程后，新增游览项目的有趣之处。通过分析说服，往往能够调整游客的情绪，收到较好的效果。

（2）转移注意法

转移注意法是指在游客产生烦闷或不快情绪时，全程导游员运用转移注意力的方法，使游客不再注意不愉快、不顺心的事，而注意愉快的事情，转忧为喜。例如，有的游客在游览中不小心碰坏了照相机，造成心情沮丧；又如，有的游客在游览过程中触景生情，产生令人伤感的回忆或联想。在这些情况下，全程导游员除了说服、安慰游客外，还可用说些民间故事、讲笑话、组织唱歌、学说本地话或幽默生动的解释等方式来活跃气氛，使其注意力转移到当前有趣的活动上来，忘却不快，体验愉快的情绪。

（3）暗示法

在导游过程中，暗示法是一种控制或影响旅游者心理的有效手段。由于身在异国他乡，游客的情绪时时处于动荡之中，特别容易受全程导游员的支配或影响。全程导游员应充分利用有利时机，通过自己的言语、表情、手势、行为和威望，影响和改变游客的心理活动。例如，有的游客在参观中对所看见的内容表示怀疑、茫然或带有偏见。在此情况下，全程导游员应带着亲切、自然的微笑，友好、自信的态度，进行绘声绘色地讲解，表现出通今博古、见多识广的才智。这种做法容易使游客心理受到暗示，在不知不觉中改变原来的认识和情感，达到导游讲解的目的。又如，面对意外事故时，游客出现恐慌忙乱时，全程导游员镇定自若的神情和有条不紊的指挥，能使游客的情绪很快安定下来，觉得全程导游员是他们可以信赖的保障。

2. 营造愉快的氛围

导游服务要有好的效果，重要的是要激发和巩固游客对旅游活动的兴趣。全程导游员组织的每次活动都应能够使游客尽兴、流连忘返，游客自始至终沉浸在愉快的氛围之中。

（1）运用语言艺术调整游客的情绪

运用语言艺术调整游客的情绪是全程导游服务的重要技能之一。例如，全程导游员可以通过讲述生动的历史故事来激发游客对名胜古迹、民间工艺品奥秘的探索。又如，全程导游员可以通过朗诵著名诗篇引起游客漫游名山大川的激情。再如，全程导游员可以通过向游客提出趣味盎然的问题，使游客形成悬念，急于知道答案。总之，全程导游员能够通过出色地运用语言艺术来营造出愉快的氛围，使游客产生浓烈的游兴。

（2）组织各种活动调动游客的积极性

全程导游员应善于抓住时机，组织丰富多彩的活动，动员全团游客营造愉快氛围。例如，在旅游活动开始不久，全程导游员可以邀请游客做自我介绍，以加速游客之间的了解，缓解拘泥的气氛，还可以发现“人才”（有特长者、活跃者）。又如，如果从景点游览完毕返回饭店或前往另一个景点，路途较长，为了调整游客的情绪，全程导游员可以采取组织游客联欢、猜谜语、唱歌、做游戏、教外国游客学说中国话等活动，以打破旅游团内的沉闷气氛，活跃游客的心情。再如，全程导游员可以采用“记者招待会”的形式，回答游客的各种问题，成为景点导游讲解的补充。如果旅游团中有很活跃的、多才多艺的游客，全程导游员可以征得地方导游员同意，请他们出来主持或表演等。另外，全程导游员也应有一两手“绝活儿”，以回报游客的盛情邀请，效果往往甚佳。

三、定点导游服务的技能

定点导游员隶属于某个特定的旅游景点（博物馆、纪念馆、展览馆等），其对于该景点的了解和熟悉程度远非全程导游员和地方导游员所能比。因此，游客对于定点导游员的导游讲解往往寄予更高的期望，对于他们的讲解技能和效果也往往提出更为苛刻的要求。因此，仅就导游讲解技能而言，定点导游服务具有其自身的特点。

（一）仪表仪容

导游员的仪表仪容是指仪表仪容美，是导游员的精神面貌和内在气质的外在体现，是导游员的内心素质和内在修养的显露。导游员的仪表仪容包括其容貌、姿态、个人卫生和服饰。无论是地方导游员、全程导游员还是定点导游员，都必须以美好的仪表仪容出现在游客面前。然而，由于定点导游员所处岗位的特殊性，其在仪表仪容方面应具有自己独特的风采。

1. 服饰搭配

服饰搭配技巧是定点导游员必须具备的服务技能。由于定点导游员只在某个特定的景点服务，因此他（她）的服饰搭配不仅需要与其自身的身材、肤色、面庞等相匹配，还应与其所在的景点特色相一致。因此，掌握服饰搭配技巧是定点导游员的重要技能。

2. 面目表情

定点导游员的主要服务是带领游客游览景区（博物馆、纪念馆、展览馆等）并提供现场讲解。一般来讲，游客在跟随定点导游员游览景区或参观博物馆、纪念馆、展览馆等的过程中，往往在某个地方停留较长时间，聆听其讲解。此时，游客往往会自觉或不自觉地注视着讲解人的面目表情，而讲解人的面目表情也会向游客传送某些信息，成为语言讲解的补充。因此，定点导游员要善于使用面目表情的技巧，向游客传达无声的信息，以增强导游讲解的效果。

（二）语言技能

定点导游服务的主要形式是讲解服务。因此，定点导游员必须能够熟练地运用口语向游客讲解景点的各种景物形成的自然条件和历史背景及主要观赏特色，介绍博物馆、纪念馆、展览馆的建立背景、设立意义、主要展品特点等知识。根据口语讲解的特点，定点导游员应熟悉和掌握口语讲解所需要的语音语速技巧和回答问题的技巧。

1. 语音语速技巧

（1）语音技巧

为了做好定点导游讲解服务，导游员必须掌握正确的语音和语调。如果为国内游客讲解，定点导游员应使用标准的普通话。如果为外国游客进行介绍，则应使用标准的外国语。因此，定点导游员必须在平时加强训练，努力使自己所使用的语言不夹杂任何地方口音。

（2）语速技巧

定点导游员还应掌握熟练运用语速的技巧。面对不同的游客，导游员在讲解时的语速应不尽相同。面对老年游客时，讲解的语速应适当放缓；面对中青年游客时，可适当加快语速。在讲解不同景物或展品时，导游员所使用的语速也不应一样。在讲解人们比较熟悉的景物或展品时，语速可适当加快；在讲解比较艰深的内容时，语速应适当放缓。

（3）语气技巧

讲解时语气的运用也是定点导游员所应具备的一种技巧。由于定点导游员的主要工作职责是在旅游景点（博物馆、纪念馆、展览馆等）的导游讲解，所以游客在这方面对他们寄予的希望会大于其他类型的导游员，对他们的讲解水平也要求更高。因此，定点导游员应在讲解中除了较好地运用语音技巧和语速技巧外，还应娴熟地运用语气技巧。在不同的场合、不同的讲解阶段，面对不同的讲解对象和听众，定点导游员应根据当时的情况，使用不同的语气，以增强讲解的效果。例如，在讲解革命先烈事迹时，语气应严肃凝重；在讲解科学知识时，语气应循循善诱；在讲解山水风景时，语气则可以欢快轻松。总之，定点导游在讲解时切忌在语气上千篇一律，单调呆板，令人生厌。

2. 回答问题技巧

定点导游员在讲解过程中可能会遇到游客的提问，对此，导游员应根据当时的场景和游客的问题，运用不同的技巧予以回答。

（1）直截了当

游客在景点（博物馆、纪念馆、展览馆等）停留的时间一般较短。因此，对于游客提出的一般性问题，定点导游员可以采取直截了当的方式予以回答。这样，既节省时间，又干脆利落地解答游客的问题，能够给游客以直率坦诚的印象。

（2）委婉迂回

有些游客提出的问题比较刁钻，难以直接回答。定点导游员可采取委婉迂回的方式予以解答。这样，既解答了游客的提问，又不会伤及对方的情面，使游客体谅到导游员的良苦用心。

（3）旁敲侧击

有些游客的提问带有挑逗性或侮辱性成分，也有的游客对某些问题纠缠不放，喋喋不休。对于此类问题，定点导游员既不应直接回答，导致对方因有伤情面而恼羞成怒；也不应畏缩躲避，不敢回答。定点导游员可采用不正面回答其问题，而是旁敲侧击地进行解释，使其心中感到理亏，知难而退。

复习思考题

□ 关键概念

定点导游服务　　送客服务　　定位技能

□ 课堂讨论题

4.1　导游服务有哪些类型？

4.2　地陪接待服务包括哪些环节？

4.3　地方导游、全程导游和定点导游在服务技能方面有哪些异同点？

□ 思考题

4.1　全程导游服务主要有哪些职责？

4.2　地陪服务的准备工作包括哪些方面？

4.3　导游人员应该采取什么措施来消除或调整游客的否定情绪？

□ 实训题

到一个旅游景点进行实地考察，观察地陪导游的服务流程。

□ 自测题

4.1　对于定点导游服务人员而言，（　　）是最重要的服务技能。

A．定位技能　　B．组织技能　　C．讲解技能　　D．协调技能

4.2　在下列服务工作中，（　　）不属于全程导游服务人员的工作范畴。

A．预订交通票　　B．景点讲解

C．办理旅游团住店手续　　D.核商旅游日程

4.3　简述全程导游服务人员在带团前的准备工作。

4.4　名词解释：转移注意法

4.5　根据所学知识，对下面的案例进行分析。

某旅游团在北京游览，导游人员安排游客进行了三个小时的购物后，才带团来到故宫游览。当时已是下午四点，故宫规定下午五点开始清客，意味着游客最多可在故宫游览一个小时，旅游者认为游览时间安排得太短，而购物时间又安排得太长，是全陪的责任。于是游客向旅行社投诉，要求第二天重游故宫。全陪应如何处理游览和购物的关系？

第五章　导游员的讲解及语言艺术

学习目标

5.1　导游员的讲解艺术
5.2　导游员的语言艺术
5.3　导游语言的运用技巧
■　关键概念
■　课堂讨论题
■　思考题
■　实训题
■　自测题

通过本章学习，你应该达到以下目标。

知识目标：掌握导游员的讲解原则，了解导游语言艺术的风格类型。

技能目标：能较好地把握导游语言艺术的基本要求，掌握导游员的讲解风格和讲解方法。

能力目标：能够较熟练地运用导游语言，为不同的服务对象提供导游讲解服务。

第一节 导游员的讲解艺术

一、导游员的讲解原则

导游讲解是一种创造性的劳动，其方式方法的具体运用千差万别。然而，各种导游讲解方式、方法、技巧有其内在的基本规律。无论何种导游讲解艺术的创造都必须符合导游讲解的一些基本原则：准确性原则、针对性原则、灵活性原则。

（一）准确性原则

准确性原则是指导游讲解的语言应当准确，具有规范性和科学性。导游讲解的科学性越强，就越能吸引游客的注意力，满足他们的求知欲，导游员也获得游客的更多尊重和信任。

因此，导游员在导游讲解中应尊重事实、反映事实。对于所介绍历史事件发生的时间、地点，所描述的景物产生的背景、变化过程、主要特征及相关的历史典故、名人轶事、历史事件的评价等都应以事实为依据，不可凭空臆造。导游员在讲解中应本着实事求是的科学精神，不能信口开河，胡编乱造，杜撰史实，张冠李戴，不应对事物做过分的夸大或缩小。

（二）针对性原则

针对性原则是指导游员在导游讲解时应从游客的实际出发，因人而异，有的放矢。受文化层次、受教育程度、生活习俗等差异的影响，对于同一事物或事件，不同的游客在接受能力、理解能力、审美情趣、对知识的渴求等方面存在着一定的差距。有时候，这种差距相当明显。本着针对性原则，导游员在讲解中应根据游客的具体情况，对于讲解内容、语言运用、导游方法等做出适当的调整。导游词内容的深度、广度及结构都应有一定差异。简言之，导游员应投游客之所好，向游客介绍那些他们最感兴趣、最想知道、也有能力接受的东西。总之，导游讲解的针对性越强，导游讲解的效果也越好，也越能满足游客的需要。

（三）灵活性原则

灵活性是指导游员在讲解中应能够因人而异、因时制宜、因地制宜，根据当时、当地的具体情况随机应变。导游讲解贵在灵活、妙在变化。由于导游讲解的对象——游客的审美情趣差别很大，不同景点的美学特征各不相同，自然条件千变万化，游览时的气氛、游客的情绪也变化多端，所以，导游员在讲解时不能以不变应万变，而应根据讲解的对象、景物、时间、地点和游客的期望与情绪等具体情况灵活地调整讲解的内容、讲解的方式和方法，使之适应不同的需要，切忌千篇一律，照本宣科。

二、导游员的讲解风格

导游员的讲解风格是指导游员在导游讲解过程中所表现的思想特点、艺术特点和形象特征。每个人都有专属自己的风格，即属于他自己特有的思想气质、生活经验、道德修养、语言才能等精神特征。导游员的讲解风格亦是如此。不同的导游员因其生活经历、思想品德、学识水平、艺术素养、个性爱好等方面的不同，在处理讲解内容、驾驭题材、描绘形象、表现手法和运用语言等方面表现出各自不同的特色。这种差异是形成不同讲解风格的直接因素。

导游员的讲解风格亦应与导游内容的客观特征相适应。对于不同的讲解对象或不同内容，导游员应采用与之相适应的语言风格。例如，在大漠戈壁、茫茫草原进行导游讲解时，导游员往往采用豪放沧桑的风格，而在讲解“烟花三月下扬州”的景色时，导游员则呈现出细腻、浪漫的讲解风格。

导游员的讲解风格千姿百态，各具千秋。本节重点介绍常见的三种导游讲解风格，即平实型风格、专业型风格和趣味型风格。

（一）平实型风格

平实型的讲解风格具有朴实无华、亲切自然的特点。导游员采用这种讲解风格时，通常是直接将导游词和其他有关资料结合起来，运用朴实无华的语言工具将其传递给游客。平实型的讲解风格有利于游客通过导游员的讲解概括性地了解景点（景物）的情况，从而使他们的一般性求知需求得到满足。然而，如果处理不当，这种讲解风格往往会给人一种枯燥、粗俗、呆板的印象。因此，导游员在采用平实型风格进行讲解时，应努力做到通俗而不粗俗、平实而不呆板，给游客一种亲切之感。

（二）专业型风格

专业型风格具有的特点是：旁征博引、强调底蕴、术业专攻、颇具深度、语言考究、注重品味。专业型的讲解风格要求导游员不仅具有较为广博的一般文化知识，而且具有某些领域如历史、地理（地质、地形、地貌）、建筑、园林、宗教、文学、艺术等的专业知识。专业型讲解风格不仅有助于满足那些文化层次较高、求知欲较强游客的求知需求，而且能够起到更好地传播知识和目的地文化的作用。

然而，专业型讲解风格不适用于那些对讲解内容缺乏基本了解或受教育程度较低的游客。这些游客往往难以理解导游员的讲解内容和不适应专业型的讲解风格，从而对导游员的讲解产生“阳春白雪、佶屈聱牙”的感觉，甚至误认为导游员是在故意卖弄知识，使导游员的讲解归于失败。因此，选择专业型讲解风格的导游员应充分考虑讲解对象的需求，灵活调整讲解内容的深度和广度，尤其是注意讲解语言措辞的可接受性。

（三）趣味型风格

趣味型讲解风格的特点是寓庄于谐、含蓄委婉、妙趣横生。趣味型讲解风格的导游员以幽默、风趣的语言形式反映客观事物，表达思想和情感内涵，蕴藏着一种乐观向上的精神力量。趣味型风格的导游员往往在景点介绍中穿插较多的故事、传说和笑料，使讲解变得生动活泼，吸引游客的注意力，使旅途变得轻松愉快。

但是，趣味型风格的导游员有时会为了追求趣味性和幽默感而牺牲讲解的准确性和科学性。有些导游员甚至误将“幽默风趣”演绎成“低俗搞笑”，引起游客的反感。因此，导游员选择趣味型讲解风格时应注意导游讲解的场合和游客的具体情况，避免在无意中“以话伤人”。

三、导游员的讲解方法

导游讲解方法是导游讲解艺术的具体体现。讲解方法和技巧运用得当，对于取得良好的导游效应具有十分重要的作用。因此，导游员必须善于学习和运用适当的导游讲解方法，因势利导，对不同层次的游客施加相应的影响，使游客和导游员之间达到心灵上的默契，使每位游客的需求得到合理的满足，将旅游活动变得轻松愉快。在导游讲解中常见的方法主要有突出重点法、触景生情法、虚实结合法、制造悬念法、类比法、画龙点睛法等。

（一）突出重点法

突出重点法是指导游员在导游讲解时应对讲解内容进行主次划分，对某一方面做重点讲解，避免面面俱到的讲解方法。导游员应根据不同的时空条件和讲解对象，做到轻重搭配，详略得当，重点突出。导游员在运用突出重点法进行导游讲解时应注意四个以下方面。

1. 重点讲解代表性的景观

在引导游客到规模较大的景点游览前，导游员必须做好周密的计划，明确该景点中的代表性景观。所谓代表性景观，是指那些具备自己的特征，同时对景点内所有景观具有概括性和代表说明性的景观。在景点现场游览时，导游员应重点讲解这些具有代表性的景观。例如，圜丘坛和祈年殿是北京天坛公园内最有代表性的景观，前者是皇帝举行祭天大典的地方，后者是皇帝举行祈谷大典的地方。它们既是天坛的代表性建筑物，又显示了修建天坛的意图和作用。所以，导游员在带领游客游览北京天坛公园时，应重点讲解这两处景观。对于园内的其他景观及公园概况（历史、占地面积等），导游员则只需向游客做简要的介绍。

2. 重点介绍景点的独特性

独特性是景点对游客产生吸引力的重要因素之一。因此，导游员在景点讲解时应注意挖掘景点的独特性，把讲解的重点放在该景点与其他同类景点的不同之处并尽力加以突出。例如，在中国境内的许多地方，佛教寺庙是重要的旅游景点。但是，同为佛教寺庙，其历史、流派、规模、结构、建筑艺术、供奉的佛像等各不相同。所以，导游员在对佛教寺庙进行讲解时，应突出介绍该处寺庙的与众不同之处，以便能够有效吸引游客的注意力，避免使他们产生各个景点雷同的感觉。

3. 突出景观 “之最” 的特点

景观“之最”的特点往往是值得关注的讲解重点。导游员在讲解中应依据景点的实际情况，用其“最大”、“最小”、“最高”、“最长”、“最古老”等特点吸引游客，激起他们的游兴。这些“之最”可以是世界之最，也可以是中国之最、本地之最。例如，北京的故宫是世界上规模最大的宫殿建筑群，长城是世界上最伟大的古代人类建筑工程，洛阳白马寺是中国最早的佛教寺庙等。这样的导游讲解突出了景点的地位和价值，能够给游客留下深刻的印象。然而，导游员在使用这种方法讲解时，必须实事求是，绝不能无中生有或张冠李戴。

4. 重点讲解游客的兴趣点

在旅游景点游览时，游客的兴趣爱好各不相同，对景点的观赏感受也有所差异。但是，从事同一职业的人们或文化层次相同的人们往往有共同的爱好。导游员应通过对游客资料的研究，分析游客的文化背景和所从事的职业特点，从中发现他们的兴趣点，并针对其兴趣点做重点讲解。这种做法通常能够产生良好的导游效果。例如，某导游员在带领一个以建筑业人士为主的旅游团游览故宫时，首先一般性地介绍了故宫的概况；然后，他重点讲解我国古代宫殿建筑的布局和特征、故宫的主要建筑及其建筑艺术、主要建筑物和装饰物的象征意义等；最后，导游员还对宫殿建筑与民间建筑的建筑风格、中国宫殿与西方宫殿的建筑艺术进行比较。这种重点讲解游客兴趣点的方法取得了令人满意的效果。

（二）触景生情法

触景生情法是指导游员在景区引导游客游览时采取见物生情、借题发挥的导游讲解方法。这种方法的特点是以景物为依托，通过讲解来营造一定的气氛，以激发游客的想象力，将其思绪和感受带入特定的意境，从而发挥导游讲解的作用力和感染力。导游员在使用触景生情法进行讲解时应注意以下四点。

1. 现场发挥

导游员在景点讲解时不应就事论事地介绍景物，而应利用游客在景观现场的所见所闻，针对当时的环境条件和游客心态，借题发挥，使他们产生更多的联想。

2. 情景交融

导游员在讲解中应注重讲解内容与游客在现场所见的景物和谐统一，使其情景交融，让游客感到景中有情，情中有景。

3. 自然引导

导游员在讲解时重在发挥，态度应自然，给人一种信手拈来的感觉，在似乎不经意间引导游客进入审美对象的特定意境，从而使他们获得更多的知识和美的享受。

4. 讲解切题

导游员讲解时应切题发挥，切勿牵强附会，生搬硬套，不应为了追求生动性和幽默感而牺牲讲解的准确性。

（三）虚实结合法

虚实结合法是指导游员在讲解中将典故、传说与景物介绍有机结合的导游讲解方法。所谓“实”，是指景区内的实景、实物、史实、艺术价值等；所谓“虚”，是指与景区内实景、实物有关的民间传说、神话故事、逸闻趣事等。导游员将所要讲解的景物，结合相关的史实、典故等编织成各种脍炙人口的故事，以求产生艺术感染力，使游览现场的气氛轻松愉快。

虚实结合法常用于名胜古迹、名山大川、园林景观的导游讲解。在运用这种方法进行讲解时，导游员应做到以下三点。

1. 虚实的有机结合

导游员在讲解时，必须将“虚”与“实”有机结合，以“实”为主，以“虚”为辅，“虚”为“实”服务，以“虚”烘托情节，并以“虚”加深“实”的存在，努力将无情的景物变成有情的导游讲解。例如，导游员在带领游客游览武汉月湖畔的古琴台时，不仅应告诉他们这座琴台始建于南北朝时期，已有1 000多年的历史，还应绘声绘色地介绍战国时期音乐家俞伯牙与钟子期曾经相会于此地，演绎出一段“高山流水觅知音”的动人故事，并着重说明该琴台就是为纪念他们二人的真诚友谊而建。这样，导游员的讲解便显得更加生动，游客也对该景点产生了深刻印象。

2. 内容的精准灵活

导游员在运用虚实结合法进行讲解时，其内容必须精准、灵活。所谓“精准”，是指所选用的传说、典故等必须是精华，而非糟粕，并且应与所讲解的景观密切相关；所谓“灵活”，是指讲解时要灵活，见景而用，即兴而发。

3. 故事的声情并茂

导游员在景点讲解时，应对先讲什么，后讲什么，中间穿插什么典故、传说做到心中有数。在讲故事的过程中，导游员应努力做到声情并茂，娓娓动听，引人入胜。这样，导游讲解就会产生艺术吸引力，受到游客的欢迎。

（四）制造悬念法

制造悬念法是指导游员向游客提出令人感兴趣的话题，却故意引而不发，激起游客急于知道答案的欲望，使其产生悬念的讲解方法。在游览过程中，导游员应先引出话题或提出问题，但不告知下文或暂不回答，让游客去思考、琢磨、判断，最后才讲出答案。这是一种“先藏后露、先抑后扬、引而不发”的方法。当导游员最终把答案讲出来时，往往会给游客留下特别深刻的印象。这种讲解方法使导游员始终处于主导地位，成为游客注意的中心。

制造悬念法的方式很多，包括问答方式、引而不发方式、引人入胜方式、分段讲解方式等，都可能激起游客对某一景物的兴趣，从而产生制造悬念的效果。

制造悬念是讲解的重要方法，可达到制造气氛、引导和规范游客的思路，以便与游客有效沟通的目的，所以导游员一般都比较喜欢使用。但是，导游员在讲解中应根据不同的讲解对象和游览场合灵活采用不同的质疑方式。所制造的悬念要尽可能抓住游客的兴奋点和讲解的要点，不能胡乱制造，故弄玄虚，否则会弄巧成拙，起反作用。

（五）类比法

类比法是指导游员以熟喻生，达到类比旁通的导游讲解方法。导游员在导游讲解过程中利用游客熟悉的事物和眼前的景物相比较，便于他们理解，从而达到事半功倍的效果。类比法分为同类相似类比和同类相异类比两种。

1. 同类相似类比

同类相似类比是指导游员在讲解中将相似的两处景物进行比较的方法。例如，导游员在介绍北京的故宫时，鉴于其属于宫殿类建筑，所以在面对法国游客时，可以将其与巴黎郊外的凡尔赛宫进行比较；如果面对的是美国游客，可以将其与华盛顿的白宫比较；如果面对英国游客，则可以将其与伦敦的白金汉宫进行比较。导游员可以首先介绍这些宫殿的用途基本相同，然后强调各个宫殿在建筑年代、建筑面积、建筑风格等方面的差异，从而加深游客对故宫的印象。

2. 同类相异类比

同类相异类比是指导游员在讲解时将性质上相同而在形态、规格、质量、水平、风格、价值等方面不同的两处景点或人物进行比较的一种方式。例如，在规模上，导游员可以将我国唐代的长安城与东罗马帝国的首都君士坦丁堡相比；在价值上，可将秦始皇陵地宫宝藏同古埃及第38朝法老图坦卡蒙陵墓的宝藏相比；在宫殿建筑和皇家园林风格及艺术上，可将北京的故宫与凡尔赛宫相比，还可将颐和园与凡尔赛宫花园相比等。这样的对比不仅使游客对中国悠久的历史文化有较深的了解，而且对东西方文化传统的差异有进一步的认识。

（六）画龙点睛法

画龙点睛法是指导游员在一般讲述的基础上用凝练的词句概括出所游览景点最精彩、最有特色之处的讲解方法。导游员以简练的语言，甚至几个字来点出景物精华之所在，帮助游客进一步领略其独特之处，使他们获得更高的精神享受。例如，导游员在引导游客游览南京后，用“古、大、重、绿”这四个字来描绘南京的风光特色，强调所谓“古”，是指南京有着悠久的历史，曾是六朝古都；所谓“大”，是指南京有中国最大的桥和最大的城墙；所谓“重”，是指南京在历史上有“虎踞龙盘”之称，地位重要；所谓“绿”，是指南京树木繁多，城市绿化覆盖率达 45%，绿色也是南京的特色之一。又如，在引导游客在云南观光后，导游员用“美丽、富饶、古老、神奇”来概括云南风光。导游员运用画龙点睛法进行讲解，不仅能够加深游客对旅游目的地或景区的印象，也使他们对导游员的讲解服务产生好感和赞许。

第二节　导游员的语言艺术

一、导游语言艺术的功能与作用

（一）导游语言的概念与特点

1. 导游语言的概念

导游语言是导游员在提供各种导游服务时所使用的语言，分为广义的导游语言和狭义的导游语言两大类型。狭义的导游语言是指导游员进行导游服务所使用的口头语言。广义的导游语言则是指导游员为做好导游服务需要熟练掌握和运用的所有具有一定意义并能引起互动的信号，包括口头语言、书面语言和体态语言。其中，口头语言和体态语言是导游员在导游服务中经常使用的主要语言类型。

2. 导游语言的特点

（1）范围宽广

导游活动涉及的范围很广，包括自然景观、人文景观、社会活动、居民生活、建设成就、文化娱乐、商业购物、衣食住行等。因此，导游语言涉及的语言领域宽广，绝大多数的自然科学和社会科学领域的专用术语和词汇都可能出现在导游讲解中。所以，导游员必须掌握不同领域的词汇及其运用方式。

（2）灵活多变

灵活多变是指导游语言的运用要从不同的时间、空间和对象的特征出发，在语音、语调和表达方式上具有灵活多变性。导游员不能以不变应万变，避免用同一种词汇、同一种语调、同一种语言风格应对所有的游客。相反，导游员应理解不同游客在心理、性格、情绪和行为表现等方面所存在的差异，以及同一游客的情绪和兴奋点在不同的时间和环境可能发生变化的现实，因时、因地、因人而采用不同的语音、语调和表达方式。例如，当游客情绪低落时，可采用劝导式或激励式语言；当游客生气时，可采用微笑式或谦和式语言；当游客疲劳时，可采用风趣式语言；在与游客交谈时，可采用闲谈式语言；在送别游客时，可采用抒情式语言等。

（3）富于美感

旅游活动是一种美的欣赏活动，是游客在导游员的带领下，欣赏自然山川的美丽景色和体验人类社会的美好生活的活动。导游语言应是一种充满美感的语言。因此，导游员无论是在导游讲解中还是同游客的日常交往中，其所使用的语言既要体现美的要求，也应根据游客的审美需求、文化素养、审美意识和审美观念，引导游客发现美、认识美、欣赏美。

（二）导游语言艺术的功能

导游语言艺术的功能是指导游员艺术性地运用导游语言为游客提供导游服务，并与游客之间产生的一系列如激动、满足、愉悦等积极性互动。导游语言艺术运用得当与否，直接决定了导游员的服务能否产生良好的“导游效应”。导游员通过运用导游语言艺术既能够促进游客对旅游目的地的了解、对导游讲解中相关知识的领悟，从而在精神上得到满足，又能够改善游客情绪，提高游客的游兴和增强游客的参与意识。

（三）导游语言艺术的作用

导游语言艺术的主要作用是改善客导关系和增强服务效果。

1. 改善客导关系

在导游服务过程中，导游员讲究导游语言艺术，运用恰当的语言技巧和表达方式，有利于提高信息传递和情感交流的效果，达到同游客进行有效沟通、改善导游员与游客的关系，增进双方友谊的目的。

2. 增强服务效果

导游员恰当地运用导游语言艺术，能够更准确、更清晰地传递服务信息，使其讲解的内容通俗易懂，让游客易于接受。导游语言的有效运用，既能够激发游客的游兴，使其产生和保持一股积极、乐观的内在动力，又能够满足游客求新、求异、求知、求美的需求，增加导游服务对游客的使用价值。在此基础上，导游员的讲解能够引起游客在情感上、观念上和行为上的互动，从而提高导游讲解服务的质量。

二、导游语言艺术的基本要求

导游语言是集知识性、思想性、趣味性于一体的专用型语言。导游员要想掌握和运用导游语言艺术，必须达到以下三项基本要求：准确恰当、清楚流畅、生动灵活。这三项基本要求相辅相成，缺一不可。

（一）准确恰当

1. 准确性

导游语言的准确性是指导游人员的语言必须以客观事实为依据，使用规范化的语言，内容准确无误，逻辑性强。准确是导游语言的规范性和科学性的要求。导游语言艺术应建立在其语言的规范性和科学性基础上。导游员在向游客进行信息传递时，如果使用的语言不规范，或传播的内容不科学，就可能引起游客的误解，或造成对游客的误导，引起游客的不满和对导游员的不信任。在这种情况下，语言艺术水平越高，其负作用也越大。

导游语言的准确性具体包括以下两方面。

（1）语言内容的准确性

导游员的讲解必须准确无误，有根有据，切忌胡编乱造，张冠李戴。在导游员的讲解中，无论是神话传说还是民间传说，都必须有据可查，不能道听途说。语言内容的不准确是导游讲解中的“硬伤”，特别容易引起游客对导游员的轻视和不信任。

（2）语言表达的准确性

导游员应准确地运用语音、语调、语法和遣词造句，正确运用语言习惯和特殊用语，注意尊重游客的风俗习惯。为了提高讲解内容的品位，导游员应恰当地使用成语、谚语、名人名言、历史典故等，以正确的语言方式表达所传递的信息。

2. 恰当性

恰当性是指导游员在语言的使用上要把握好“度”，恰如其分地掌握说话的分寸。作为一种口头艺术语言，导游语言十分讲究语言的音乐性。导游员在讲解时应注意音调的高低轻重、语言的起承转合和节奏的缓急顿挫，以便充分发挥语言艺术的作用。导游语言的恰当性主要表现在以下四个方面。

（1）语音音量强弱适度

导游员讲话的音量大小、强弱要以游客能够听清楚为标准，避免声音过高或过低。音量过高易形成噪音，让人感觉粗俗不文明；而音量过低不仅使游客听起来费劲，还会给人以不自信的印象。

（2）声调语调节奏感强

声调是指音节的高低升降、曲直长短的变化。语调是指一句话中语音高低轻重的配置，用以表示语气和情感。在导游讲解及与游客交谈中，导游员的声调应适时变化，抑扬顿挫有度，语调要优美且富于变化。导游员应善于运用语调的变化，以变换语气和表达情感，使自己的语言富有节奏感和感染力。

（3）语速语流徐疾有致

语速是指说话的速度。一般来说，导游员说话的速度既不能过快，也不能过慢。语速过快难以使游客的思维与导游员的思维保持同步，不能够给游客留下深刻的印象，游客甚至听后即忘。语速过慢会使游客感到厌烦，造成游客观赏时间的减少。同样，导游人员的话速也不能自始至终以一种恒定不变的中速进行，以免给游客造成枯燥乏味之感。因此，导游员在讲解中应注意语速适中、有快有慢、快慢结合、徐疾有致，必要时做适当停顿。这样，导游语言才能比较流畅和富有节奏感。

（4）语感语气分寸得当

语感是指言语交流中对词语表达的理解、使用习惯等的反映。导游员在与游客交谈或导游讲解时应注意做到：

①语言表达应得体，不能言过其实、过分夸张。导游员不论在叙述故事还是引导游客赏景，所讲的话都应实事求是，入情入理；

②用词应文明优雅，切忌粗俗；导游员在使用俏皮话时，应注意避免触犯游客的忌讳；导游员在讲话中可多用敬语谦语，既要尊重对方的文化风俗习惯，也要符合自己的职业身份；

③语气应亲切自然，导游员在说话时应注意遣词造句，多用委婉、商议、征询意见的句式，尽量避免使用命令句式。

（二）清楚流畅

1. 通俗易懂

通俗易懂是指导游员在与游客交谈或讲解中使用的语言应与普通人在日常生活中经常使用的语言相同或相似，所用的词语为普通人所耳熟能详，容易被普通人所理解。导游员使用通俗易懂的语言，能够更方便地与游客进行交流并使游客更容易地理解导游讲解的内容。

导游语言艺术的通俗易懂主要表现为短句化、口语化、浅显化、换位化等特点。

（1）导游语言的短句化

短句子是人们在日常生活与交流中大量使用的一种语言形式。因此，导游员在同游客交谈和导游讲解中应力求语言的短句化，少用或不用长句子。如果所需表达的意思较多，导游员可以采用“取长截短”的方式，将较长的句子分成两个以上的短句。这样，不仅导游员说起来不费劲，而且易于为游客所理解。

（2）导游语言的口语化

口语化，亦称口头语言化，是指人们日常生活中脱口而出的语言。口语化的语言不拘泥于文字句子的结构，不使用令人费解的生僻晦涩的词语。导游讲解的主要形式是导游员向游客做口头讲解。因此，口语化应是导游语言的重要形式。导游员在讲解中应采取促膝谈心、故友叙旧的方式，以亲切自然、浅显易懂的口语作为交流工具和讲解手段，以拉近与游客的距离，使他们更加愿意聆听导游员的讲解，更加倾心于与导游员的交谈，从而更加认可和赞赏导游员提供的导游讲解服务。

（3）导游语言的浅显化

导游语言的浅显化是指导游员在讲解过程中，尽量使用简洁明了的言语。由于绝大多数的游客对于导游讲解中涉及的历史、地理、文化及科学领域的专业知识缺乏足够的了解，所以，导游员应避免使用专业术语，而采用一些家喻户晓的替代词句，使他们能够理解导游员所讲解的内容。

（4）导游语言的换位化

换位化是指导游员应认识到，具有不同文化背景的游客，其思维方式、道德准则、审美观念、语言习惯和生活习俗可能与旅游目的地国家或地区的人们有所不同，从而对事物的理解和接受程度也不同。一些对旅游目的地的居民或国内游客来说是尽人皆知、习以为常的事情，而来自异国他乡的外国游客则可能感到颇为费解，甚至完全茫然。为了缩小导游员与游客之间的文化差异，使其讲解的内容对外国游客变得通俗易懂，导游语言必须具有换位化的特点。导游员应根据客源国或地区的文化价值、思维习惯、审美观念等，把那些为异域游客所难以理解的词语、典故、计量单位、年代等进行相应的转换，使他们能够较容易地熟悉和理解导游讲解的内容及其所隐含的真实意思。

2. *语言流畅*

语言流畅是指导游员在讲解时所使用的语言应具有连贯性。作为一种口头语言，导游语言可以存在一定的抑扬顿挫和波折起伏的现象，但是必须整体连贯，一气呵成，犹如行云流水，语流不断。导游员在讲话时，上下句之间不能发生较长的停顿，也不能出现过多的重复。为了使导游语言达到流畅的程度，导游员需从以下三个方面做出努力。

（1）熟悉讲解内容

导游语言流畅的基础是导游员对于交谈的问题内容或讲解的内容有比较清楚的了解，熟悉景点的主要景观，理解所谈问题的内涵和实质。只有这样，导游员才能够在交谈和讲解中侃侃而谈，旁征博引，顺畅地问答游客的问题和将景点景物讲解清楚。

（2）注意语言逻辑

清晰明确的语言逻辑有助于导游语言的流畅表达。因此，导游员应根据语言逻辑规律，将所讲内容有机地组织起来，仔细斟酌所表达的内容。在交谈和讲解过程中注意语言的主题明确和层层递进，以便使游客能够更清晰地了解导游员所表达的内容。

（3）克服不良习惯

导游员在讲解中应注意克服不良的口语习惯，因为它是影响导游语言流畅的障碍。不良的口语习惯包括大量使用模糊用语、重复使用口头禅、多次重复某一概念等。这些不良的口语习惯使游客听起来很不舒服，不得要领，甚至引起游客的反感。因此，导游员应不断扩大和加深自己的知识面，提高理解能力和思维能力，使自己对讲解的内容胸有成竹，讲解的思路条理清楚，语言表达流畅自然。

（三）生动灵活

生动灵活是导游语言艺术性和趣味性的具体表现。导游语言的美感既体现在引人入胜、优美动人的语言内容方面，也反映在语言表达方式的形象、生动、活泼方面。因此，导游员应运用生动灵活的语言，引导游客去领会讲解的内容，激发他们的形象思维，体会导游员所创造的意境，获得美的感悟和享受。导游语言的生动灵活反映在两个方面，即生动性和灵活性。

1. 生动性

生动性是指导游语言应具有活力和感染力。这是导游语言的美之所在。导游讲解服务活动不同于其他形式的服务，除了传播知识之外，还要活跃旅游活动气氛，满足游客的审美需求，即引导游客欣赏自然美、社会美、艺术美等，使其在愉悦的氛围中自觉或不自觉地受到教育、启迪和美的享受。

为了使导游语言具有活力和感染力，导游员应把握如下几个方面。

（1）修辞适当

导游语言的修辞是指导游员在讲解过程中，利用多种语言手段以收到尽可能好的表达效果的一种语言活动。导游员通过适当地运用各种修辞手法，能够提高导游语言的可理解性和感染力，创造美的意境，使其讲解的内容表达得更为准确、鲜明而生动，给游客留下深刻的印象。

修辞的手法很多，导游语言中常见的修辞手法包括比喻、比拟、夸张、映衬等。

（2）语言幽默

风趣幽默的语言是一种既有趣可笑又意味深长的语言。在导游活动中，适当使用风趣幽默的语言是必要的。风趣幽默的语言不仅可以使导游讲解锦上添花，使游客的旅游活动变得轻松愉快，气氛活跃，提高游客的游兴，而且有时可以起到缓解导游员同游客之间以及游客同游客之间可能出现的有些不和谐气氛的作用，有助于导游员摆脱某种尴尬局面。对于导游员来说，具有幽默感不仅是一种可贵的品质，而且是一项必备的技能。

虽然风趣幽默的语言对导游活动有不小的作用，但是，导游员在具体运用时也需注意。

①在一次讲解或交谈中，不宜多用，更不能滥用这种语言形式。因为过多的风趣幽默会冲淡导游员所要讲的主要内容，甚至给游客留下空洞无物之感，觉得导游员在“耍贫嘴”。

②风趣幽默语言的运用不能伤害游客的自尊心，更不能拿国家政治、宗教、疾病、死亡等严肃的事情当话题。

③运用风趣幽默的语言时应适合时宜，注意品位和格调。运用不妥不仅会降低其功效，而且可能产生副作用。适合时宜是指要根据情境和游客的实际（如职业、文化程度、当时的情绪等）审时度势，相机运用。如果对文化品位高的游客讲一些低品位的幽默或笑话，会引起他们的反感；而对文化品位低的游客讲一些高品位的幽默或笑话则会让其感觉不知所云。同样，游客心情不佳时，讲一些强扭其感情的幽默或笑话，可能会使其发火。

④无论在什么场合，都要杜绝使用“黄色幽默”或开低级玩笑。

（3）态势语言

态势语言是指导游员在讲解中以身体的某些动作作为无声的语言，帮助游客更好地理解导游讲解的内容及其含义。有些时候，导游员在与游客的交谈中或在景点导游讲解时适时和恰当地配以体态语言，用面部表情、手势动作等帮助表达一些意思，能增进交流和讲解的语言魅力，产生“此时无声胜有声”的效果。

（4）引用恰当

引用名言名句是指在自己的语言中穿插别人的话语、材料和做过的事情，尤其是名人的名言或名句，用以说明问题，强化说服力。引用名言名句在导游讲解中经常被采用，它可以增强导游语言的表达力和对游客的感染力与说服力，使语言更加生动活泼，丰富多彩。引用名言名句除了援引名人的名言名句外，还包括古今中外典故、成语、谚语、寓言、诗词、事件等。

导游员在引用名言名句时，应注意的是：第一，引用的名言名句必须与讲解中所要说明的问题相一致；第二，引用的言语不宜过多过滥，因为导游员的讲解是主体，引用只能起画龙点睛的映衬作用。

2. 灵活性

导游语言的灵活性是指导游员在导游讲解和与游客交谈时，应根据不同的对象和时空条件机动灵活地运用不同的语言表达方式，使导游讲解能够收到较好的效果。导游语言的灵活性体现在以下两个方面。

（1）根据游客特点灵活运用语言表达方式

导游员应在导游讲解和交谈中，根据游客的旅游目的、文化修养、个性爱好、审美需求等具体情况，选择合适的语言表达方式，灵活运用语言，使得雅俗相宜，让每个游客都能获得满意的服务。具体而言，导游员在为不同类型的游客提供服务时，应把握不同的语言风格，有针对性地进行导游讲解及与其交谈。

① 针对专家型游客的语言表达方式。专家型游客是指具有较高文化修养、审美情趣和能力的专家、学者型游客和熟悉了解中国的外国游客。这些游客对导游语言的品位比较讲究。所以，面对此类游客，导游员在导游讲解或交谈中，所使用的语言应规范，品位要高。

② 针对大众型游客的语言表达方式。大众型游客包括工人、农民、服务人员、家庭妇女等游客群体。相对于专家型游客，大众型游客的文化水平较低，对于一些专业词语或历史典故不甚熟悉，亦不感兴趣。因此，导游员在为此类游客进行讲解或交谈时，应尽量使用大众化、通俗化和趣味性的语言。

③ 针对老年游客的语言表达方式。老年游客的听力一般较弱，记忆力减退，对于新事物的熟悉程度较低。因此，导游员在为老年游客进行讲解和与他们交谈时，应使用简洁易懂的语言，音量应适当放大，语速应适度放慢。

④ 针对中青年游客的语言表达方式。中青年游客的思想比较活跃，理解能力强，因此，导游员在讲解和交谈时应使用活泼流畅的语言，音量应适中，语速可适当加快。

（2）根据不同情况灵活运用语言表达方式

在导游服务中，各种情况层出不穷，旅途中变化难以预料。导游员应根据游客情绪的变化、游兴的变化以及同导游员关系的变化等实际情况，采用相应的语言表达方式，保证与游客交流的顺畅与和谐。

① 游客情绪低落时的语言表达方式。当游客因某事而悲伤、情绪低落时，导游员的语

言表达应具有同情性和劝导性。此时，导游员的语气应缓慢而轻柔，充满了同情，并且在交谈中应尽量使用劝导性的词语，使游客感受到关心和同情，从而愿意接受导游员的劝解，重新振作起来，积极参加旅游活动。

② 游客情绪激动时的语言表达方式。如果游客因某方面的旅游服务不到位或要求未得到满足而火气很大时，导游员的语言表达需具有歉意性和疏导性，以缓解游客的过激情绪。

三、导游语言艺术的风格类型

导游语言的艺术风格是导游员所具有的精神特点和语言艺术的综合反映，具有显著的个性化特点。虽然导游语言艺术从形式到内容都存在一些共性，但是由于导游员个性特征的多样性、游客对导游语言审美需求的多样化，以及旅游景观本身的多样性，决定了导游员在运用导游语言时必然会呈现不同的艺术风格。换言之，不同导游员的语言风格可能类似，但绝不可能雷同。同一导游员在不同时点的语言风格也可能发生变化。导游员的语言往往是多种风格的复合体，而且会随着主观因素和客观需求的变化而变化。

作为一种语言艺术，导游语言艺术具有准确适中、通俗流畅、生动灵活等共性特征。然而，导游员作为一个群体，是由众多个性不同的导游员所构成。受个人性格、成长经历、受教育程度、生活与工作环境等影响，尽管不同的导游员都使用导游语言作为提供导游讲解服务的主要工具，但是他们的语言艺术风格却可能迥然不同。

导游语言的个性特征主要包括导游员的思想情感、审美情趣和语言修养，是导游员内在气质所决定的个性特征在导游语言运用上表现出的气派和格调。常见的导游语言艺术风格有以下四个类型。

1. 善解人意型

这种风格类型的特点是：语言亲切自然、通俗流畅，语气委婉，态度友善，有与人闲谈般的轻松感。女性导游员由于性别特征，易于采用此类风格，能迅速拉近与游客的距离，增强自己的亲和力。

这种语言艺术风格的关键是导游员必须情真意切，否则可能使游客把导游员看成一个言行不一、奸猾虚伪的人。另外，善解人意型的语言艺术风格绝不等同于啰啰唆唆、婆婆妈妈。导游员应充分考虑语言交流对象的感受，不应一味地采用如拉家常般的语言方式，忽略了导游语言的职业性特点。

2. 热情洋溢型

这种风格类型的特点是：语言简洁明快，条理清晰，直截了当，流畅奔放，充满着活泼与激情。年轻的导游员由于个性活泼，充满活力，往往倾向于形成这种风格。

要形成这种语言艺术风格并不是那么简单的，如何把握好情感和语言的分寸十分重要。语言既要明快，又要注意含蓄；情感既要奔放，又要注意收敛，否则就显得肤浅、轻飘。

3. 专业权威型

这种风格类型的特点是：语言专业严谨，措辞考究，逻辑严密，言行举止稳健沉静，情感含蓄不外露，给人以权威可信之感。属于这类风格的导游员一般都有较长时间导游工作的实践，专业水平较高。他们勤于学习，勇于探索，善于总结，逐步形成了这种专业权威型的风格。

此种风格的运用要考虑交流对象的文化层次和接受程度。如果导游员的语言风格过于专业化，会让一般游客难以接受。另外，如果此种导游语言风格使用不当，会给游客造成一种压迫感，使他们觉得自己像小学生一样被管教，被命令，其游兴可能受到不利的影响。

4. *风趣幽默型*

这类风格类型的特点是：语言机智诙谐，充满活力，富有趣味，以浓厚的趣味思想来认识和解释事物，使游客听起来轻松愉快，情绪高涨。生性开朗、热情幽默、善于制造气氛的导游员很适合走这种风格类型的道路。

这种类型的导游员有时会为了追求趣味性和幽默感而牺牲讲解的准确性和科学性，容易将“幽默风趣”错误演绎成“低俗搞笑”，结果适得其反，引起游客的反感。同时，导游员应注意幽默的品位，在使用幽默诙谐语言时应注意场合和对象，尊重对方的文化习惯，不要“以话伤人”。

第三节　导游语言的运用技巧

一、导游语言的适用对象

导游语言的适用对象是游客。这个群体的范围极广，差异颇大。导游员应以职业技能为依托，灵活使用导游语言，针对不同阶层、不同职业、不同文化修养、不同国籍、不同性别、不同年龄的游客的特点，决定讲解的内容、顺序、语言的方式、音量的大小等，提供不同层次和语言形式的导游语言服务，以便与游客达到最优效果的沟通。

（一）入境游客

来自世界其他国家或地区的入境游客，因其生活环境、风俗习惯、文化传统、价值观念、宗教信仰、政治制度、语言习惯等与我国人民之间存在一定差异，导致他们对于中国的历史文化、价值观念、风俗习惯、宗教信仰、政治制度、语言习惯等不甚了解。因此，他们往往难以听懂我国一些导游员讲解的内容，导致导游讲解的效果大打折扣。

另外，来自不同国家或地区的入境游客与我国在地理距离、历史交往、文化交流等方面亦存在一定差异，造成他们在旅游景点聆听导游员讲解或与导游员交谈过程中，对于导游员所讲内容的理解程度有所不同。因此，导游员应根据游客的具体情况，区别对待，运用不同的讲解风格和导游语言，以满足不同入境游客的需要。

1. *港澳台地区游客*

来自我国香港特区、澳门特区和台湾地区的游客，在文化传统、语言习惯、价值观念、宗教信仰、风俗习惯等方面与我国大陆居民基本相同。但是，他们在社会制度、某些词语等方面与我国大陆居民存在一定的差异。因此，导游员在进行导游讲解或与他们交谈时，应针对他们的这些特点运用导游语言。一方面，导游员可以使用大量的历史典故、歇后语、成语等进行讲解和交谈。在介绍历史事件、建筑物年代等情况时，可以使用我国王朝纪年及帝王的庙号、帝号、年号等。另一方面，导游员还可以在讲解和交谈中使用我国特有的度量衡单位，如市亩、市斤、两、丈、尺、寸等。但是，导游员应尽量避免在讲解和交谈中涉及社会制度、意识形态等敏感话题。

2. 东亚地区游客

东亚地区游客主要来自日本和韩国。在历史上，这两个国家与我国之间的交往密切，受中华文化的影响较深，与我国人民在生活习惯、语言文字等方面存在一定的相同或相似之处。中国的古典文学、历史传说等已为日本和韩国的广大民众所熟知。另外，日本、韩国的游客对于中国的一些著名自然景观亦不陌生。因此，导游员在为东亚地区游客进行导游讲解或交谈时，可以引用较多的中国历史典故。但是，在度量衡方面，中国与日本和韩国之间存在一定的差异。所以，导游员应注意在讲解和交谈中将涉及的中国的度量衡换算成日本或韩国的度量衡，以便使游客能够更好地理解和欣赏我国的景观，了解我国的社会生活。

然而，我国在社会制度、意识形态等方面与日本和韩国存在明显区别，三个国家在历史上发生过一些纠葛。因此，导游员在讲解和交谈过程中应注意尽量避免涉及此类话题，以免造成与游客之间的不愉快。

与汉语相比，日语和韩语的敬语更多，使用的频率也更高。因此，导游员在导游讲解和交谈时应注意使用敬语的场合和时机，避免因语言使用的不当引起游客的不满。

3. 欧美地区游客

欧美地区（包括俄罗斯等东欧国家）距离我国较远（俄罗斯远东地区除外），在历史上与我国的交往相对较少。该地区的居民在文化传统、宗教信仰、生活习惯、民俗风情、价值观念、语言文字、社会制度、意识形态、度量衡等方面与我国居民之间存在较大差异。虽然该地区也有一些人对中国有所了解，有的人甚至了解颇深，堪称“中国通”，但是绝大多数人对中国及其人民知之甚少，甚至完全无知。因此，导游员在进行导游讲解和交谈时，应充分注意这些差异，尽量使用能够为他们所能够理解的语言，把一些中国特有的词语转换成欧美地区居民所熟悉的词语。

欧美地区各国居民之间的语言习惯亦有一些差异，如有的民族比较庄重、有的民族比较幽默、有的民族比较浪漫。导游员应针对不同游客的特点，运用适当的导游语言风格，或庄或谐，以使得游客产生“宾至如归”的感觉，增强导游讲解的效果。

由于在文化上存在较大差异，所以导游员在讲解中应尽量避免使用成语、歇后语、谚语等具有浓厚中国语言特色的修辞方法。

4. 亚太地区游客

地处亚太地区的澳大利亚和新西兰，当地居民的生活习惯、文化传统、宗教信仰、语言文字、价值观念等与欧美地区相似。因此，导游员在为澳新地区游客进行导游讲解和交谈时，应使用与为欧美地区游客提供导游服务时相似的导游语言。

（二）出境游客

出境游客前往的目的地众多，既有我国的香港特区、澳门特区和台湾地区以及毗邻我国并与我国在文化传统、民俗习惯等方面具有一定相似之处的东亚地区和东南亚地区，也有地处遥远的欧洲地区、北美地区、澳新地区、北非地区、南亚地区、撒哈拉沙漠以南的非洲和拉丁美洲地区。

因此，导游员在为出境游客进行导游讲解或交谈时，应根据他们出访的旅游目的地的具体情况使用风格不同的导游语言。

1. 前往港澳台地区的游客

港澳台地区的民俗风情、文化传统、价值观念、语言文字等与我国大陆地区相同或相近。因此，导游员在导游讲解或交谈时可以使用为游客所熟知的历史典故、成语、谚语、歇后语，也无需换算度量衡单位。

2. 前往东亚、东南亚地区的游客

东亚和东南亚地区的各国民俗、文化传统、价值观念等与我国有一定的相近之处。另外，由于历史上各个民族之间的交往较多，我国的出境游客中有不少人对这些国家有所了解。因此，导游员在导游讲解或交谈时可以对当地的一些特有文化向游客进行较详细的解释，而对于那些早已为游客所熟知的事物则可以简单介绍。但是，导游员应对涉及当地的朝代、度量衡单位等做适当的换算，以便使得出境游客能够更好地了解和欣赏当地的景点和民俗文化。

3. 前往其他地区的游客

由于我国在历史上与欧洲、美洲、南亚、非洲等地区的交往相对较晚和较少，加上我国学校教育及媒体宣传中对这些国家的历史沿革、地理概况、民俗风情、宗教信仰、社会制度等的介绍偏少，造成我国绝大多数的出境游客对这些国家的实际情况不甚了解。另外，尽管我国的学校从小学生开始就开设英语课程，各种考试也不胜枚举，但是这些课程和考试并未使绝大多数学生真正掌握英语的听说和阅读能力。因此，除了少数专业人士之外，绝大多数的出境游客只能依靠导游员与当地居民进行沟通和了解当地的旅游景点。所以，导游员在进行导游讲解时，应该用我国游客所熟悉的语言耐心解释那些颇具当地民俗文化特点或历史特色的事物和景点，尽量避免生搬硬套当地的成语、谚语或在中文讲解中夹带一些当地语言的词汇。为了能够使游客更好地理解当地居民的生活习俗、风俗习惯、历史事件等，导游员应在讲解中将当地常用的度量衡单位换算成我国游客所熟悉的度量衡单位。

（三）国内游客

除了少数民族的游客之外，我国的绝大多数国内游客对于我国的历史沿革、文化传统、价值观念、地理常识等比较熟悉，能够使用普通话进行交流，看得懂旅游景点的文字介绍。他们能够较好地理解导游讲解中涉及的历史典故和导游员使用的成语、谚语、歇后语等。但是，受年龄、性别、文化程度、从事职业等影响，不同类型的国内游客对于导游语言也存在着不同的要求。

1. 不同年龄阶段的游客

导游员应针对不同年龄阶段游客的特点，灵活运用相应的导游语言形式。对年老体弱的游客，导游的语言应简洁明了，音量应适当放大，语速应适当放慢，语气应谦恭礼貌；而对中青年游客，语言应力求活泼流畅，音量适中，语速适当加快，语气亲切自然。

2. 不同文化程度的游客

文化程度和所从事的职业往往会影响游客对于导游语言的要求和欣赏程度。导游员应根据不同文化程度游客的需求适当调整其所使用的导游语言。一般来说，文化程度较高的游客（如一些专家、学者）比较讲究导游语言的品位。因此，导游员在对他们讲解时，语言要规范，且品位要高。文化水平相对较低的一般游客（如工人、农民、服务人员、家庭妇女等）不喜欢“阳春白雪”式的语言，不大介意导游语言的规范和品位，更喜欢通俗易懂的讲解。导游员在对他们进行讲解时，应使用大众化、通俗化和趣味性的导游语言。

二、导游语言的适用地点

旅游活动的地点往往对于导游员所使用的语言风格产生一定的影响。因此，导游员应根据所处的地点选择适当的导游语言进行导游讲解和交谈。导游员讲解或交谈的地点很多，经常涉及的地点包括旅游景区及往返途中、旅游目的地及往返途中、就餐地点、娱乐场所、购物场所等。

（一）旅游景区及往返途中

1. 旅游景区

导游员在旅游景区向游客提供的服务主要是讲解景点及回答游客提出的相关问题。游客在旅游景区游览的主要动机是观赏景物和增长见识。因此，导游员应采取以讲解为主，以回答问题为辅的方式，在讲解中注重相关知识的介绍，在回答问题时应简短明了。由于导游员需要在景区中做大段的讲解，容易使游客产生听觉疲劳甚至厌烦情绪。所以，导游员可适当运用一些诙谐幽默的语言，以活跃现场气氛。

在一些面积较大的旅游景区，由于景区内的环境往往变化很大，所以导游员必须通过不断变换声音和位置来吸引游客的注意力，也可使用一些其他的传播小技巧。比如，在有台阶的地方，导游员可以站在台阶上讲解；在平地，导游员可以让游客站成半圆形，这样做非常有利于游客听清讲解内容，也不容易走神。

2. 前往景区途中

在前往旅游景区的途中，导游员应重点介绍沿途的景物，并适当地回答游客的询问。在接近景区时，导游员应简要介绍景区的主要特色和所含景点，以使游客产生先睹为快的念头，为到达景区后的讲解做铺垫。导游员的讲解内容应该简明扼要，重视景物的取舍，详略得当。导游员的语言应节奏明快，形式比较随意，力争做到见景生情、见缝插针，与旅游者的观赏同步。导游员在旅游车上、游船中进行讲解时，应注意当地的交通状况、道路或航道的宽窄等，并据此调整讲解的内容。一般情况下，导游员在整个旅途中的讲解时间可占60%左右，不必一直不停地讲，要给游客留出观赏、品味的时间。

3. 由景区返回途中

在游客结束景区的游览活动，返回饭店的途中，导游员应根据不同的回程路线适当调整所使用的导游语言。如果旅游车的回程路线与前往景区的路线不同，导游员可在对旅游景区游览情况做简要总结并回答游客提问的同时，重点介绍沿途的风光景色。如果旅游车的回程路线与前往景区的路线相同，游客已经熟悉了沿途的景色，导游员应重点解答游客的提问。

（二）旅游目的地及往返途中

导游员在陪同游客前往旅游目的地、在旅游目的地期间和从旅游目的地返回原出发地的过程中，应针对不同阶段游客的身体状况、心理状况及当地的环境，运用适当的导游语言为游客提供良好的导游服务。这里的导游员主要是指全程导游员和领队。

1. 前往旅游目的地途中

在陪同游客前往旅游目的地的途中，导游员应针对大多数游客对于旅游目的地既生疏又好奇的心理，采用循序渐进、见缝插针的讲解方式，介绍旅游目的地的民俗风情、当地法律、主要景区（点）、土特产品、货币兑换、海关规定等知识，使游客做好充分的心理准备，为即将开始的旅游活动打下一个良好的基础。

2. 在旅游目的地期间

在旅游目的地期间，导游员的主要任务是监督旅游接待计划的实施及协调与当地导游员和相关部门的关系。但是，无论是全程导游员，还是领队，在旅游目的地期间与游客进行交谈和解答游客问题都是其重要的工作内容。因此，导游员应在此期间采用循循善诱的导游语言方式，耐心地与游客进行交谈，回答他们所提出的各种问题。

3. 从旅游目的地返回途中

当游客踏上从旅游目的地返回的旅途后，他们主要关心能否安全顺利地返回家中。在这段时间里，导游员应理解游客的焦虑心情，尽量照顾和安抚游客。此时，导游语言的语气应和缓，语调应平稳，使游客既感到导游员在无微不至地关心他们，又看到导游员的气闲神定、从容不迫的神态，从而减轻心中的紧张情绪，轻松愉快地返回家中。

（三）就餐、娱乐、购物场所

导游员在就餐、娱乐、购物等场所向游客提供的服务主要是生活照料和咨询建议。因此，导游员应根据其提供服务的场所和内容，运用适当的导游语言形式。

1. 就餐场所

游客的就餐场所主要是指饭店的餐厅和社会餐馆。当游客在这些场所就餐时，导游员除了做好相应的安排之外，还应主动向游客介绍就餐菜肴的特点及食用方法。在就餐场所的导游语言特点应是热情而不热烈，简明而不啰唆，通俗易懂而不故弄玄虚。导游员在介绍过程中应避免对就餐场所的就餐环境、烹饪技术、菜肴质量等发表具有贬义的评论，也不应使用可能会影响游客食欲的词语。

2. 娱乐场所

导游员在娱乐场所为游客提供的服务主要包括场所介绍、节目介绍及生活照料。导游员应根据不同的娱乐场所特点，选择有针对性的导游语言。在介绍场所时，应具体介绍该场所的具体位置、游客就座的位置、中场休息时间、洗手间的位置、散场时的撤离路线等。此时的导游语言风格应准确而具体，必要时可以重复介绍。在介绍剧情时，导游语言应简明扼要、通俗易懂。

3. 购物场所

导游员在购物场所为游客提供的服务主要是购物咨询。因此，导游员应根据购物场所、所售商品、游客对商品的了解程度、导游员自身对相关商品的熟悉程度、我国或目的地国家（地区）的相关法律及规定等方面的特点，运用不同风格的导游语言为游客提供咨询服务。

如果游客对于购物场所不熟悉，或对于该场所出售的商品知之较少，导游员应主动向他们介绍。导游员应使用中性的介绍语言，避免对该场所及其所出售商品发表溢美之词或贬损之词。在游客向导游员征询购买某件商品的意见时，导游员可提供自己的建议，并说明应由游客自己决定是否购买该商品。此时导游应语言措辞谨慎，语气委婉，态度诚恳，避免使用倾向性明显的语言。如果游客打算购买某些旅游目的地国家（地区）或旅游客源国家（地区）的法律所明令禁止出境或入境的商品，导游员应如实告知游客，劝阻其做出购买的决定。此时导游应语言婉转而坚定，态度友善，不能含糊其辞，但也不能故弄玄虚，恐吓游客。

复习思考题

□ 关键概念

导游语言艺术　　讲解风格

□ 课堂讨论题

5.1　导游人员的讲解必须符合哪些基本原则？
5.2　导游语言艺术的内涵是什么？
5.3　导游人员应从哪些方面巧妙运用语言技巧？

□ 思考题

5.1　导游讲解风格可以分为哪些类型？
5.2　导游语言艺术的作用是什么？
5.3　在沿途导游和游览中导游两种情况下，导游语言分别是怎样的表达方式？

□ 实训题

观察一名资深的导游人员的讲解过程，并分析其是如何运用相关的语言技巧的。

□ **自测题**

5.1　突出重点法是导游员常用的讲解方法之一，下列情况（　　）不属于该方法的范畴。

A．导游要向游客细心讲解旅游目的地的所有景观

B．豫园和石家大院同为私家园林，导游人员在讲解时却着重讲解了各自的独特之处

C．导游人员在讲解洛阳白马寺时着重强调其是中国最早的佛教寺庙

D．带领某高校历史系教授参观故宫时，导游着重讲解了在故宫中发生的重大历史事件

5.2　下列不属于导游语言艺术的基本要求的是（　　）。

A. 准确恰当　B. 清楚流畅　C. 适当提高语速　D. 生动灵活

5.3　简述导游人员在讲解时常用的几种讲解方法。

5.4　名词解释：触景生情法

5.5　根据所学知识，对下面的案例进行分析。

小许毕业于天津某高校旅游管理专业，从事导游行业还不到半年，这次她带的是来自Z地区的旅游团。上车后，小许同前几次带团一样，开始认真地讲解天津的历史、地理、政治和经济，但是游客似乎并无多大兴趣，甚至有些游客开始大声地聊天。

小许应该如何运用讲解艺术及语言技巧来吸引游客的注意呢？

第六章　导游员的服务艺术

学习目标

6.1　普通游客的服务艺术
6.2　特殊游客的服务艺术
6.3　导游服务的协作艺术
■　关键概念
■　课堂讨论题
■　思考题
■　实训题
■　自测题

通过本章学习，你应该达到以下目标。

知识目标： 掌握导游服务艺术，了解不同游客群体对导游服务艺术的偏好。

技能目标： 能准确地区分不同类型旅游团队对导游服务艺术的需求特点，能够提供针对各种特殊游客群体的服务艺术。

能力目标： 能够较熟练地与旅行社内部相关部门及人员进行沟通，能够与其他旅游部门及人员进行工作协调。

第一节　针对普通游客的服务艺术

一、针对入境旅游团队的服务艺术

入境旅游团队，是指由旅行社通过海外旅游中间商招徕和组织，到中国大陆旅行游览活动的海外游客团体。接待入境旅游团队是我国许多国际旅行社的主要经营业务。一般来说，入境旅游团队由海外某地启程，从我国某个对外开放的口岸入境，并在境内进行一段时间的游览参观活动，最后从入境的口岸或另外的开放口岸出境返回原出发地。入境旅游一直是我国旅游业发展的重要组成部分，也是长期以来国家积极推动大力发展的焦点。它不仅能增收创汇，促进经济发展，也起到增进交流沟通，传播中华文化，树立国家形象，扩大国际影响等重要作用。所以做好对入境游客的服务意义重大。

（一）入境旅游团队的特点

1. 停留时间长

入境旅游团队的第一个特点，是在旅游目的地停留的时间比较长。除了少数港澳同胞来内地旅游的团队外，多数入境旅游团队在中国大陆旅游时，通常在几个甚至十几个城市或旅游景点所在地停留。因此，入境旅游团队的停留时间少则一周，多则十余天，个别的可能超过一个月。由于在旅游目的地停留的时间长，所以入境旅游团队在旅游期间的消费一般比较高，能够给旅游目的地带来比较多的经济收益。

2. 外籍人员多

入境旅游团队多以外国游客为主体，其使用语言、宗教信仰、生活习惯、文化传统、价值观念、审美情趣等均与我国有较大差异。在由海外华人所组成的旅游团队中，不少海外华人及其子女因长期居住在国外，在生活习惯、使用语言、价值观念等方面也与当地居民十分相似。例如，许多来华旅游的海外华人已经基本上不会讲汉语，或根本听不懂汉语普通话。

3. 涉及环节多

在各种团体旅游接待工作中，入境旅游团队要求接待旅行社负责落实的环节最多。入境旅游团队在旅游目的地停留的时间长、地点多，其旅游活动往往涉及旅游目的地的各种有关旅游服务供应的部门和企业。

4. 活动变化多

入境旅游团队在华的旅游活动变化比较多，如出发时间的变化、旅游团人数的变化、乘坐交通工具的变化等。

（二）入境旅游团队的导游服务原则

1. 尊重文化差异

入境旅游团队通常由外国血统的人士、长期旅居海外的华人华侨和港澳台同胞所构成。

这些游客在使用语言、宗教信仰、生活习惯、文化传统、价值观念、审美情趣等方面均与我国大陆地区的居民之间存在较大差异。导游员在接待入境游客时，必须坚持尊重文化差异的原则，重视这种文化差异，充分尊重游客的文化价值观，以游客易于接受的方式为其提供导游服务。

导游员应能够熟练地使用客源国的语言。这是对入境游客导游服务的基础。这里，对熟练使用语言的要求，不仅指单纯的言语沟通，而且也包括语言表达方式、风俗习惯和文化传统。如有哪些禁忌、哪些喜好、某些特定词语的象征意义等。

导游员还应了解入境游客的思维方式和心理特征，投其所好，据此对导游对客服务的内容和方式做出调整和安排。导游员要根据各国、各民族不同的个性心理特征和生活习惯，有的放矢地向他们提供各类导游服务。

2. 注重协调工作

导游员在为入境游客提供导游服务时，应坚持注重协调工作的原则，加强与各方面的沟通和协调。一方面，入境游客在华停留时间长，活动范围大，涉及环节多。为了妥善安排入境旅游团队的生活和参观游览，导游员必须认真研究旅游接待计划，制定出周密的活动日程，做好旅游线路上各站间的联系，并要代表国内组团社与各接待单位沟通协调，逐项落实整个旅行过程中接待事宜的每个环节，以免在接待中出现重大人为事故。另一方面，入境游客旅游的活动变化比较多，如出发时间的变化、旅游团队人数的变化、乘坐交通工具的变化等。导游员在接待服务过程中应密切注意旅游团队活动可能出现的变化，及时采取调整措施，与游客、领队、组团社、各旅游服务提供者等进行沟通和协调，保证旅游活动的顺利进行。

3. 发挥领队作用

领队通常与游客有着相同或相似的文化背景和价值观念，是入境游客的代言人。尤其在远离故土、人地生疏的异地进行旅游活动时，领队通常要扮演游客的精神依靠的重要角色。他（她）在游客心目中的地位和对游客产生的影响力不容小觑。所以，导游员在接待入境游客时应努力搞好与领队的合作关系，遇事应与领队多磋商，争取领队的支持，充分发挥领队的积极作用。导游员在安排旅游活动和游客的旅行生活时，应多与领队商量。这样，既是尊重领队职权的表现，也可通过领队清楚地了解游客的兴趣爱好，以及他们在生活、游览方面的具体要求，从而向他们提供有针对性的服务。

当遇到旅游计划出现变化、游览项目被迫变更、增加新的游览项目、游客与接待方导游员出现矛盾等情况时，导游员应主动与领队商量，争取他（她）的合作和理解，借助领队对游客的影响力，顺利地解决矛盾和问题。

另外，在旅游团内部出现纠纷时，导游员不要介入，而是要依靠领队的作用，协调旅游团队内部关系，保证游程的顺利进行。

（三）入境游客的导游服务艺术

导游员应充分尊重入境游客自身的文化价值观，满足其一致性需要。同时，导游员亦应满足游客多样性的旅游需要。换言之，导游应投其所好地为入境游客提供针对性服务。

导游员在导游服务中应遵循“以我为主”的原则，使游客感受和体验中国的文化价值观。入境游客千里迢迢到中国旅游，就是想欣赏极具东方美的独特景观，领略中华传统文化的魅力，体验中国的风土人情。导游员应充分考虑到这点，在安排旅游活动和设计导游讲解词时，精心选择那些具有中国特色，既能够引起游客兴趣，又易于使游客接受的内容。

由此可见，入境游客与旅游目的地之间的文化差异既是旅游活动的障碍之所在，也是其魅力之所在。入境游客服务的跨文化性特点增加了导游工作的难度，提高了这项工作的挑战性。我国入境游客来自许多国家，限于篇幅，本书仅介绍针对日本、韩国、美国、法国游客的导游服务艺术。导游员在接待其他国家（地区）入境游客时，可参考这些导游服务艺术，并结合该国（地区）游客的特点进行服务。

1. 针对日本游客的导游服务艺术

日本游客具有办事严谨、注意礼节礼貌、感情不外露、重视人际关系的特点。因此，导游员在向日本游客提供导游服务时，应注意这些特征，设法与他们建立起友好的私人关系。在具体旅游生活的安排细节上，导游员应该注意符合日本游客的生活习惯。例如，日本游客在目的地饭店住宿时，喜欢同其国内的亲属进行电话联系。所以，导游员应在日本游客进入饭店之前，主动向他们介绍饭店的主要设施及电话的使用方法。又如，在旅游点的安排上，日本人忌讳参观墓地。因此，导游员在安排游览日程时，应尽量避免安排日本游客参观陵寝、墓地等景点。在日程的时间安排上，可以将上午的游览活动安排得紧凑些，下午的游览活动应比较轻松，晚上一般不安排集体活动，给予游客较多的自由活动时间。日本游客喜欢购物，所以导游员应在每天的活动日程中适当安排他们到商店、纪念品店等购物场所。

2. 针对韩国游客的导游服务艺术

韩国游客的特点是讲究礼节、尊重老人且民族个性较强。因此，导游员在提供导游服务时应注意礼貌，在导游讲解中应掌握分寸。如果旅游团队内部出现不团结的现象，导游员应尽可能避免参与，免得事态扩大化。如果导游员需要与个别游客交谈，应注意尽量避免刺激其他游客的感情。如果导游员与游客之间发生了不愉快的事情，导游员应通过第三方争取对方的谅解，不要单独直接解释，免生意外。

在具体旅游生活的安排细节上，导游员应该注意符合韩国游客的生活习惯。例如，韩国游客一般不喜欢与中国游客混合用餐，应尽量安排他们在餐厅的包间里用餐。又如，韩国游客喜欢在用餐时饮白酒，如果提出饮白酒的要求时，导游员应尽量予以满足。但是，导游员应对于白酒的供应量进行适当控制，避免出现游客酗酒的现象。

韩国游客性格活泼，有时候会在房间一边饮酒，一边唱歌，从而可能影响其他游客的休息。在这种情况下，导游员应婉言劝告韩国游客去卡拉OK厅狂欢，但不得采用生硬的态度压制游客的情绪。在旅游活动的安排上，韩国游客的日常行程变化较多，旅游团队内部对于观光项目经常会出现不同的意见。此时，导游员应站在多数客人的立场上，尊重领队的意见，使旅游活动能够按计划顺利进行。

3. 针对美国游客的导游服务艺术

美国游客一般具有自信大方、活泼开朗、爱交朋友、适应性强、不拘小节等特点。针对这些特点，导游员应采取轻松热情的导游服务方式。美国游客比较关注社会问题。因此，导游员在接待美国游客时，可适当安排他们参观少年宫、民居、幼儿园、工厂等。美国游客比较喜欢在景点照相留念。所以，导游员在旅游景点陪同美国游客游览时，应留出一些时间让游客拍照、摄像。美国游客比较讲究“个人空间”。所以导游员不仅在与他们交谈时应保持适当的距离，而且在公共场所就座时，也应与他们保持一定距离。美国游客在交谈中不喜欢涉及个人私生活的话题，不喜欢被称“老”。因此，导游员应注意避免此类话题，而且不要按照中国的敬老习俗，称呼年长的美国游客为“老先生、老太太”，也不要恭维他们“高寿”。

4. 针对法国游客的导游服务艺术

法国游客具有生活水准高、文化水平高、文明程度高、欣赏能力强等特点。所以，导游员在接待时要考虑到这些因素，提高导游服务水平。法国游客注重礼节，见面时相互之间必致问候。导游员在称呼法国游客时，应称姓，再加上“先生”、“夫人”、“小姐”等尊称。法国游客讲文明，重礼貌，尤其尊重妇女，处处体现“女士优先”原则。导游员应尊重他们的习惯，在服务中尊重女士。在游程安排上，导游员应尊重法国游客的生活习惯和节奏，在参观、游览、访问、购物、娱乐、餐饮等活动安排上都应放慢节奏，给予游客以充裕的时间，不要催促他们。法国游客喜欢在吃饭时边吃边聊，饭后还要坐一会儿，抽支烟，喝些饮料，吃些水果。因此，导游员在游客用餐前应讲清楚离开饭店的时间，使游客心里有数，早做准备。法国游客的文化程度高，欣赏能力和猎奇性强，喜欢参观博物馆，尤其是青铜器、瓷器展览室，喜爱购买古玩、丝绸、工艺品等。导游员应根据这一特征，精心准备相关内容的专业知识，做好讲解服务和购物参谋服务。法国游客喜爱花卉，导游员可建议饭店在餐桌上摆放花卉。

二、针对出境旅游团队的服务艺术

出境旅游团队，是指由我国一些经过特许经营中国公民自费出国旅游业务的旅行社所组织，中国公民出境旅游的游客团队。

（一）出境旅游团队的特点

1. 活动日程稳定

出境旅游团队的活动日程一般比较稳定。除非发生极其特殊的情况，否则出境旅游团队的活动日程很少发生变化。无论是组织出境旅游团的旅行社，还是负责在旅游目的地接待的旅行社，都必须严格按照事先同游客达成的旅游协议，安排旅游团队在境外及境内的各项活动。组织出境旅游的旅行社应委派具有丰富接待经验的导游员担任出境旅游团队的领队，负责在整个旅行途中关照游客的生活起居。

2. 消费水平高

出境旅游团队的消费水平比较高。他们一般要求在旅游期间乘坐飞机或豪华客车，下榻在档次比较高的饭店，并往往要求在就餐环境比较好的餐厅用餐。此外，出境旅游团队的购物欲望比较强烈，商品的采购量和采购价值均较大。据一些担任过出境旅游团队领队的导游员和旅行社经理们反映，我国出境旅游团队在旅游目的地的购物消费甚至超过来自某些发达国家的游客，颇受当地商店的青睐。因此，旅行社的领队在陪同出境旅游团队在境外旅游期间，应在当地接待旅行社导游员的配合下，组织好游客的购物活动，满足他们的需要。

3. 文化差异比较大

在出境旅游团队中，有许多游客从未到过旅游目的地国家或地区，缺乏对那里的历史、文化、风俗习惯等的了解，与当地居民之间存在文化上的较大差异。特别是像我国这样的自身文化传统悠久、出境旅游发展时间较短的国家，游客除了在文化上与旅游目的地国家有较大的差别外，在语言方面也存在一定的差异。目前，我国参加出境旅游的游客，除少数人外，外语水平一般比较低，许多游客不懂外语。到达境外后，同当地人交流成为一个严重的问题。有些游客由于既不会讲当地语言，也不懂英语，结果闹出不少的误会和笑话，甚至发生上当受骗的事情。因此，旅行社应选派熟悉旅游目的地国家或地区的风俗习惯、历史沿革，精通旅游目的地语言或英语的导游员担任出境旅游团队的领队，在境外充当翻译，以帮助游客克服文化和语言方面的障碍。

（二）出境旅游团队的导游服务艺术

1. 注重游客的旅行安全

中国出境游客的出境旅游经验较少，安全意识较薄弱，加上语言障碍，容易成为境外一些不法分子的攻击目标。一旦出现被抢、被盗等恶性事故，游客的人身和财产安全受损，也影响了整个旅游活动。所以，导游员的首要职责是要保证出境游客的人身和财产安全。在旅游过程中，导游员应做好提醒工作。在旅游景点游览时，导游员应密切注意周围情况，遇到形迹可疑之人，要提高警惕。如果游客要求单独外出，导游员应说明当地的治安情况，提醒其加倍小心，并建议其外出时不要携带大量财物，可将贵重物品存放在饭店的贵重物品保管处。

导游员还应注重游客出境证件的保管。在境外旅游期间，导游员应保管好旅游团的集体签证，并在必要时收取游客的护照等证件，用毕归还。在离境前，导游员要收取游客护照集中保管，努力避免游客在境外滞留不归。

2. 精心安排旅行生活

由于出境旅游的旅游日程稳定，所以领队必须严格按照旅行社事先同游客达成的旅游协议，在整个旅行途中精心照顾旅游者的生活，监督并协助旅游目的地的接待人员严格执行旅游接待计划。领队应多关心游客，与游客建立起和谐团结的关系，并代表游客将对旅游活动安排、旅游生活服务的意见和要求反映给地方导游员。为了满足游客的强烈购物需求，领队在陪同出境旅游团于境外旅游期间，应在地方导游员的配合下，组织好游客的购物活动，并在游客提出要求时，为其购物提供相应的建议。

3. 帮助克服语言障碍

语言障碍是出境游客面对的最为普遍的问题。领队应精通英语或当地语言，在境外充当翻译，以帮助旅游者克服语言方面的障碍。例如，当游客购物时，导游员可充当翻译，帮助游客与当地店家交流，买到称心如意的商品。某些游客希望使用当地某些旅游服务设施和服务时，导游员可充当翻译协助游客。这些服务是导游员的分内之事，而且为游客提供这种个性化服务，注重服务的细节，对取得游客的信任和支持，提高导游服务效果大有益处。

三、针对国内旅游团队的服务艺术

国内旅游团队的类型多样，包括旅游客源地附近的周末旅游、省内（自治区、直辖市内）短途旅游和跨省（自治区、直辖市）的省际旅游。我国的国内团体旅游起步较晚，但发展势头猛烈，发展潜力巨大，是一种具有良好发展前景的产品形态。导游员应注重对国内旅游团队接待服务业务的研究，钻研针对国内游客的导游服务艺术，为今后国内团体旅游接待水平的进一步提高打好基础。

（一）国内旅游团队的特点

1. 预订时间短

国内游客通常在旅行社组织的旅游活动开始前不久才报名参加旅游团队。因此，对于旅行社来说，国内游客参加旅游活动的预订期比较短。另外，由于国内旅游不需要办理护照、签证等手续，所以国内旅游团队的成团时间较短。有些时候，从游客提出旅游咨询到旅游团队成团出发，只需要一周的时间。这种现象导致旅游客源地的组团旅行社来不及用书面形式及时通知旅游目的地的接待旅行社，只好先用电话通知，然后再补发书面旅游计划。旅行社在接待国内旅游团队时常会感觉准备时间不像接待入境旅游团队或出境旅游团队那样充裕。针对这个特点，旅行社应一方面在平时加强对接待人员的培训，使他们熟悉国内团体旅游接待的特点和要求，以便在接到旅游接待计划后能够在较短时间内制定出当地的活动日程，做好各项接待准备。另一方面，旅行社应根据当地旅游资源和本旅行社接待人员的特点，设计出针对不同国内旅游团队的接待规范和标准活动日程，使导游员能够按照接待规范和标准活动日程进行接待准备，提高接待准备工作的效率。

2. 日程变化小

国内游客一般对于前往的旅游目的地具有一定程度的了解，并能够在报名参加旅游团队时对旅游活动日程做出比较理智的选择。因此，他们很少在旅游过程中提出改变活动日程的要求。另外，国内游客往往把旅行社是否严格按照事先达成的旅游协议所规定的活动日程安排、在旅游目的地及旅行途中的交通安排看成旅行社是否遵守协议，保证服务质量的重要标志。所以，他们对于旅行社更改活动日程的反感程度比入境旅游团队和出境旅游团队更加强烈。旅行社在接待国内旅游团队时，必须注意国内团体旅游接待业务的这一特点，尽量避免修改活动日程。

3. 消费水平差别大

参加国内旅游团队的游客的生活水平参差不齐，既有收入丰厚的个体或乡镇企业家、外企高级管理人员和工程人员、某些经济效益好的国企员工，也有中等收入水平的工薪阶层人士，还有在校的青年学生。不同生活水平的游客在旅游消费水平方面的差异很大。例如，有些消费水平高的游客可能要求在档次较高的星级饭店下榻和就餐、乘坐豪华客车、增加购物时间；另一些消费水平较低的游客则可能对住宿、餐饮、交通工具等要求不高，希望增加参观游览时间，减少购物时间。旅行社在接待不同的国内旅游团队时，应根据他们的消费水平和消费特点，在征得旅游团全体成员或绝大多数成员同意的前提下，对活动日程做适当的修改，以满足不同游客的需要。

4. 讲解难度小

国内旅游团队在游览各地旅游景点时，一般对这些景点事先有所了解。另外，除了少数年龄较大的游客外，多数国内游客接受过一定程度的教育，具有一定的文化水平，能够听懂导游员的普通话讲解。他们对于导游员在讲解过程中所使用的历史典故、成语、谚语、歇后语等比较熟悉，容易产生共鸣。因此，导游员在导游讲解中可以充分运用各种方法，生动地向旅游者介绍景点的情况，而不必向接待入境旅游团队那样，因担心文化上的差异和语言方面的困难而不得不放弃一些精彩的历史典故介绍，也不必担心因游客无法理解导游讲解中所使用的各种成语、谚语、歇后语等而影响导游讲解的效果。

（二）国内游客的导游服务艺术

1. 严格执行旅游协议

由于国内游客十分重视旅游日程安排的落实情况，所以，导游员在导游服务中应严格执行旅游协议。导游员应按照接待规范和标准活动日程进行接待准备，提高接待准备工作的效率。另外，在接待国内旅游团队时，导游员应与相关接待单位进行沟通协调，与社内其他部门通力合作，保证旅游接待设施和服务的供给，尽量避免因为人为因素修改活动日程。

2. 兼顾不同层次需求

国内旅游团队之间消费水平的差异决定了他们对接待服务规格要求的不同。导游员应设法了解游客的需求，针对他们的消费水平和消费特点，调整旅游活动的重点，设法满足不同游客的需要。对于消费水平高的游客，导游员可在旅游游览时适当推荐当地极具特色的自费旅游活动，如品尝特色餐饮、欣赏民俗表演等。在旅游活动安排中，导游员应适当安排购物活动。如果游客自行购物，并要求导游员进行推荐时，导游员应推荐档次较高、服务好、质量有保障的购物场所。对待消费水平较低的游客，导游员应为游客着想，给予尊重，把导游服务的重点放在景点游览讲解和旅途生活的照料方面，不要暗示甚至强迫游客多购物、多消费。

第二节　针对特殊对象的服务艺术

一、针对不同年龄游客的服务艺术

年龄不同的游客在游览习惯、旅行需求、价值判断等方面存在较大的差异，因而对于导游员的服务内容及其服务艺术有着不同的要求。导游员应根据不同年龄游客的特点，运用相应的导游服务艺术，让他们感受到导游员独具匠心的导游服务，使他们的旅游需求得到最大满足。

（一）不同年龄游客的旅游需求特点

1. 儿童游客的旅游需求特点

根据医学界和现代教育心理学的研究，一般将学龄前和小学阶段的人称做儿童，从年龄段上划分，多指 0～14 岁的孩子。儿童游客从年龄上可分为婴儿游客、学龄前游客、小学生游客和初中生游客。

婴儿游客和学龄前游客因年龄较小，没有出游的主动意识，而是随着父母等成年游客的旅游意愿而出游。他们的旅游需求通常只限于生理需要，如吃饭、睡觉、坐车等。虽然学龄前游客可能对于某些旅游景点表现出兴趣，但是他们并不能产生自主的旅游需求。

然而，小学生游客和初中生游客往往能够表现出一些自主性旅游需求。例如，他们能够在家长商量和做出旅游决定时提出建议，并可能会影响家长的最终决定。另外，家长在选择旅游目的地、出游方式、交通工具的过程中，往往会考虑他们的需要。有些家长把旅游活动看成一种使儿童增长见识、开阔眼界的教育方式和休闲方式，所以会做出以孩子兴趣和需要为核心因素的旅游决定。

儿童游客的出游频率很高，而且在出游时往往采取“1 拖 2”的模式，甚至是“1 拖 4”、“1 拖 6”的模式，即一名儿童游客出游的同时，往往可能带动其父母、祖父母或外祖父母一同出游。他们喜欢那些曾经在动画片里出现过的动物、植物或景色。他们往往喜欢听导游员讲述的故事，并且喜欢提问题。他们喜欢吃零食，但是在正餐时间却可能不愿吃饭。他们在游玩时可能因为喜欢某个地方而不愿离开，从而导致陪同他们的成年游客一起掉队。有些儿童游客比较任性，如果他们的某个要求没能得到满足，可能会哭闹。

2. 青少年游客的旅游需求特点

青少年游客是指年龄在 15～34 岁的游客，主要成分是在校的高中生、大学生、青年职工等。青少年游客是包括“青年游客”和“少年游客”两个年龄段的游客群体，横跨了未成年人和成年人两个年龄区域。

青少年游客在旅游需求方面的特点如下。

（1）同龄结伴出行

青少年游客喜欢与同龄人结伴出行，不喜欢同家长一起出行，以免受到过多的约束。他们喜欢交际活动，愿意通过旅游活动与同龄人交流思想、沟通感情、加深了解、建立友谊。

（2）钟情涉险活动

青少年游客正值青春期，思想活跃，勇于探索，渴望挑战。然而，他们的人生阅历较浅，风险意识较弱，因此喜欢冒险，愿意参加诸如蹦极、漂流、骑马、滑水、攀岩等刺激性强但有一定风险的活动。

（3）生活要求较少

多数青少年游客不愿意在吃住问题上花费太多的精力。他们多喜食快餐、瓶装饮料。

（4）喜欢新鲜事物

青少年游客的好奇心强，对于新鲜事物具有一种特殊的敏感。他们在旅游活动中喜欢那些在书本上和课堂里见不到的事物。因此，他们乐于接触大自然，喜欢户外活动，尤其是野外活动。

（5）喜爱娱乐活动

青少年游客精力旺盛，往往不满足于旅行社和导游员为他们安排的一般性参观游览活动，而愿意在晚间或空闲时间到娱乐场所或游乐场所，发泄平时因繁重的课业或工作造成的心理压力。

3. 中年游客的旅游需求特点

中年游客是指35～60岁的游客。中年游客的生理与心理发展处于人生中的成熟阶段。中年游客具有心理能力继续增长和生理功能逐渐衰减的特征。虽然他们的知识仍在积累增长，经验日益丰富，但是，他们的人体生理功能却在不知不觉中下降。

中年游客在旅游需求方面的特点如下。

（1）生活要求较高

中年游客的收入水平一般高于其他年龄阶段的游客群体。他们在旅游期间对于食宿条件的要求较高，也愿意支付相应的费用。他们往往会对于不尽如人意的目的地接待设施和旅途中的交通工具提出抱怨。

（2）喜欢集体活动

中年游客外出旅行，十分注重安全，担心在人地生疏的异国他乡迷路走失。因此他们愿意参加团体旅游，与众多游客一起跟随导游员去参观游览或参加其他旅游活动。

（3）自尊心理较强

中年游客往往在事业上取得一定成就，拥有比较幸福的家庭，具有一定的社会地位。因此，他们的自尊心理比较强，渴望得到他人的尊重和赞许，不愿意被他人轻视或忽视。

（4）遵守活动日程

中年游客的团队意识较强，能够遵守旅游计划上确定的活动日程。他们的时间观念较强，能够在约定的时间出发和返回。

4. 老年游客的旅游需求特点

按照国际规定，老年游客是指年龄在65岁以上的游客群体，而在我国，老年游客则是指年龄在60岁以上的游客群体。老年游客是一个旅游需求旺盛的旅游消费者群体。首先，随着社会消费层次和消费结构发生变化，老人消费观念在不断更新，开始注重自我的生活品质和精神世界的充实，从而产生了强烈的出游动机。其次，老年游客群体的可自由支配收入在不断增加。

他们的物质生活得到保障，从而对精神生活产生更多的需求，旅游便成为一项重要的消费手段。最后，老年游客在时间上极为宽裕。他们拥有充足的可自由支配时间用于外出旅游。

老年游客在旅游需求方面的特点如下。

（1）活动节奏缓慢

老年游客的体力较弱，有些老年游客还患有某些慢性疾病。因此，他们的行动比较缓慢，不适于紧张的活动日程，喜欢比较宽松的活动日程。

（2）生活需要照料

老年游客在旅行生活方面，需要比青少年游客或中年游客更多的照料。在餐饮方面，他们喜欢比较清淡、松软、煮烂的食物。很多人有午睡的习惯。

（3）怀旧情结浓厚

老年游客喜欢缅怀往事，故地重游。他们对于名胜古迹情有独钟。他们也喜欢同导游员谈论一些往事。

（4）花费比较节省

老年游客通常比较节省。但是，他们喜欢在目的地的景区或纪念品商店购买一些价格较低的纪念品，带回家里作为礼物。

（二）针对不同年龄游客的服务技巧

1. 针对儿童游客的服务技巧

（1）重视安全

儿童活泼好动，又没有足够的安全意识和自我约束能力。因此，导游员应特别注意儿童游客的安全，尤其是人身安全，防止走失。在游览过程中，遇到地滑、危险的路段，导游员应提醒并协助家长关注儿童安全；在旅游车上，导游员应提醒儿童不要把头、手伸出窗外；在行走途中，导游员应多次清点人数，防止儿童走失；讲解时，导游员应针对儿童特点，采用生动形象的语言，可选择一些有趣的童话故事来吸引他们或采用课堂问答方式，使他们精力集中，不致到处乱跑。

（2）生活关照

儿童有其自身的生理特点，如个子小、对环境的适应力差等。在用餐时导游员要事先提醒餐厅，准备儿童餐椅和餐具，以减少用餐时的不便。在住宿时，导游员应按照相应的收费标准，督促饭店落实儿童用具。遇到天气变化，导游员应及时提醒家长注意儿童游客衣服的增减，夏季要让孩子多喝水。

（3）区别标准

交通、饭店、餐馆、景点等旅游服务供应部门往往规定对儿童实行不同的收费标准。例如，在交通方面，飞机票的购买是按年龄来区分，而火车票、船票、汽车票、门票大多按身高购买相应的票种；住房和用餐方面，儿童是否单独占一床位或餐位，导游员应注意按相应的标准为儿童游客提供服务。

（4）注意细节

对于儿童游客，导游员应把握以下细节和原则：

①不宜过分突出儿童游客，而冷落了其他游客，从而引起一些成年游客的不满；

②不宜因某些项目对儿童免费或优惠而视其为负担；

③不要给儿童游客买食物和玩具；

④不要单独带儿童游客外出，即使家长同意也应谨慎行事；

⑤儿童游客生病时，不能将自己随身携带的药品给其服用，也不宜建议服什么药，而应请医生诊治。

2. 针对青少年游客的服务技巧

（1）活动日程安排紧凑

青少年游客的精力旺盛，体力充沛。因此，导游员应为他们安排适当紧凑的活动日程，以便为他们留出更多的自由活动时间。

（2）娱乐生活丰富多彩

为了满足青少年游客喜欢娱乐生活的需求，导游员应充分利用晚餐后的时间，组织他们到当地的娱乐场所消费，也可以利用游览剩余的时间，安排他们到当地的游乐场所，使他们能够更好地游玩。

（3）提醒游客注意安全

在组织青少年游客参加探险性活动项目时，导游员应经常提醒他们注意安全。导游员还应协助景区的管理人员，检查为青少年游客配备的保险设备的可靠性，告知他们有关的安全注意事项，提醒他们遵守景区的管理规定，服从景区安全人员的管理，以及遇险时的逃生方法。

（4）清点人数防止走失

青少年游客喜好个人单独活动，行动比较散漫。因此，导游员在景点导游讲解中应经常清点人数，尤其应注意青少年游客是否跟随旅游团队。如发现个别青少年游客没有随团活动，应立即寻找，避免他们走失。

3. 针对中年游客的服务技巧

（1）妥善安排游客食宿

由于中年游客对食宿条件的要求较高，所以导游员应细心安排游客的生活起居，认真检查接待设施，向饭店、餐馆等接待部门详细介绍游客的生活习惯，强调食宿设施的卫生与安全，以满足他们的需要。

（2）适当安排购物活动

中年游客，尤其是中年女性游客的购物欲望和购物能力均很强。因此，导游员应在安排和组织他们在目的地参观游览活动之余，适当安排他们到当地的土特品商店和纪念品商店进行购物。这样，既能满足中年游客的购物需求，又能增加目的地的经济收入。

（3）尊重游客自尊心理

导游员在导游服务中应充分尊重中年游客的自尊心理。在导游服务中，导游员经常征询中年游客的意见，听取他们的建议，对活动日程做适当的调整。导游员在同他们讲话时，应保持谦和的语气和不卑不亢的态度，让游客感受到导游员对他们的尊重。

4. 针对老年游客的服务技巧

（1）细致耐心

导游员在为老年游客服务时，应细致耐心，不怕麻烦。由于年龄的原因，老年游客的反应速度降低。有时候，对于一个问题，他们可能要反复问好几遍。此时，导游员必须保持耐心，不厌其烦地予以解答。老年游客的人生阅历丰富，知识面广，喜欢对一些问题刨根问底。导游员应满足他们的求知需求，决不能敷衍应付。老年游客的记忆力减退，容易丢三落四。导游员应多做提醒和检查工作。老年游客体衰力弱，行动迟缓，导游员应在日程安排和游览过程中耐心地给予关照。

（2）减缓速度

导游员在为老年游客提供导游服务时，应牢记一个"慢"字。

①行走时要"慢"。多数老年游客的身体不太灵活，导游员在引导游客游览时，应适当地放慢速度，照顾到体力较弱、落到后面的老年游客。在上下站的移动过程中，导游员应事先考虑到老年游客的特点，适当提前赶往机场、车站。

②讲解时要"慢"。老年游客的听力和理解力都不能与年轻游客同日而语，导游员在向他们讲解时应放慢速度，加大音量，吐字清晰，适当重复。

③生活照顾上要"慢"。在进餐时间、集合时间的把握上，导游员应细致体贴地关注老年人的特点，适时延长时间。

（3）预防意外

为了防止出现意外事故，导游员可采取以下措施。

①在线路安排上，导游员应选择适合老年游客游览特点的景点，如台阶少、地面平坦、不拥挤、危险路段少等，防止老年人摔倒或碰伤。

②由于大部分景点游客不在同一地点上、下车，当有些老年游客在游览过程中感到体力不支时，往往想先回车上休息。有的老年游客会自以为是地按原路返回，误以为停车点就是上车点，结果发生走失事故。导游员应反复向老年游客提醒集合的时间、地点。

③为了预防老年人的走失，导游员应给每位老年人发放一张卡片，注明所住饭店的名称、电话、与导游员的联系方式等，并且应嘱咐老年游客，万一走失，不要惊慌，不要到处乱走，而应待在原地等待，马上与导游员联系。

（4）关注健康

老年游客的身体适应能力较差，因此，导游员应时刻关注老年游客，保证他们的身体健康。为此，导游员可采取以下措施。

①在日程安排上，应适当增加休息时间，在景点的活动量不能太大，做到劳逸结合。

②在景点选择上，应选择少而精的景点，以细讲慢看为宜。

③饮食安排上要做到卫生、可口、易消化吸收，以清淡为宜。

④遇到天气变化，应提醒老年游客注意增减衣服。

（5）注意细节

注意细节是导游员为老年游客提供导游服务的重要技巧。通过对一些细节的关注，往往能够防患于未然。导游员应做到：

①为保存老年游客的体力，晚间最好不要安排太多活动；

②多提醒老年游客注意保管好自己的钱物和证件；

③适当增加去厕所的次数，并提醒老年游客事先准备好零钱，因为有些景点的厕所收费；

④掌握一些老年游客常见病的急救常识和技能。

二、针对身体残障游客的服务艺术

随着社会文化程度的提高，身体残障游客的数量越来越多。身体残障游客主要包括视力残障游客、听说能力残障游客和肢体残障游客。他们热爱生命，挑战自我，不顾生理缺陷造成的困难，长途跋涉体验外面的世界，其坚强不息的生命力感染着每个健全的人。在接待身体残障游客时，导游员要注意态度和方法，为身体残障游客创造一个舒心的旅程。

（一）身体残障游客的旅游需求特点

1. 自尊心强须尊重

身体残障游客往往是身残志坚，具有极强的自尊心。他们希望能够像身体健康的游客一样参加旅游活动，欣赏和领略大自然的美景，聆听导游员绘声绘色的讲解，体验各种旅游活动，使自己得到身心的满足。他们对于自己的身体残障比较敏感，不愿意成为他人议论和取笑的谈资，对于一些针对他们身体缺陷的侮辱性言行十分恼怒，往往会做出激烈的反应。

2. 行动不便需照顾

身体残障游客因身体部位的功能受到损害，不能正常发挥作用，导致其行动的不便。这些行动上的不便使他们更加依赖导游员的悉心照料。例如，患有视力残障的游客在走路和就餐时需要有人陪伴和帮助；患有听说残障的游客需要有人当面向其解释某些问题和事情；患有肢体残障的游客需要有人搀扶和推轮椅。

（二）针对身体残障游客的服务技巧

1. 尊重游客的自尊心

导游员在为身体残障游客提供导游服务时，既要热情周到，又要维护他们的自尊心；既要提供帮助，又要尊重他们内心深处对独立的渴求。在任何时候和任何场合，导游员都不能歧视他们。导游员应在语言和行为上，以自己的爱心和细心赢得身体残障游客的信任。

导游员必须懂得，对身体残障游客最大的尊重就是把他们作为正常游客。在接待身体残障游客之前，导游员应该根据旅游计划的内容分析他们的需求，根据需求设计不同的接待程序，把对他们的关心和照顾做得不露痕迹，不刻意地为照顾而照顾。导游员切忌在众目睽睽之下表现出对身体残障游客的关心，因为这样反而是在提醒他们与身体正常游客之间的不同，势必引起他们的反感。导游员应善于发现身体残障游客的长处和优势，并学会对他们的残疾“视而不见”，以维护他们的自尊心。

2. 悉心照料游客生活

在生活服务方面，一定要细心周到，想方设法为他们提供方便；在导游工作方面应尽量满足他们的要求；在日程安排方面，要考虑到他们的身体条件和特殊需要，尽可能选择不走或少走台阶的游览路线。导游员应提前与所有身体残障游客要涉足的饭店、餐馆等单位打招呼，求取通力合作，尽可能安排他们在一楼方便进出的地方就餐，并设法安排他们在距离电梯最近的客房入住。

3. 提供针对性服务

导游员应根据不同身体残障游客的具体情况，提供针对性服务。

（1）视力残障游客

视力残障游客除视力有障碍之外，一切都是正常的。他们拥有和正常人一样的听觉、味觉、嗅觉、触觉等。导游员应发挥他们在这些方面的特长。在讲解时，导游员应努力使讲解内容更加形象，能用于触摸的，让他们摸一摸；能聆听的，让他们安静地听一听；能闻的，让他们闻一闻。寺庙的钟声，泉水的流动声，鸟儿的鸣叫，山林中花草的香气，长城上城砖的厚重，大山中岩石的苍凉，所有这一切同样能给视力障碍游客以极大的满足和享受。

（2）听说残障游客

不管在车上还是游览中，导游员应尽量把听说残障游客安排在靠前的位置。听力残障游客主要通过读口形来获取信息。为了保证他们在听不到导游员的声音时，能看到口形，所以导游员应适当地放慢讲话速度，并加大口形的幅度。如果导游员能够使用辅助手语，则更能够便于他们理解更多的内容。

（3）肢体残障游客

导游员在制订活动计划时，应考虑身体残障游客是否需要轮椅。如果需要，导游员应提前通知有关部门做好准备。另外，在选择旅游接待设施时，导游员应充分考虑肢体残障游客的实际困难，尽量选择那些方便轮椅上下的汽车和有“无障碍设计”的饭店、餐馆。

4. 使用专用服务技能

为了满足身体残障游客的特殊需要，导游员应努力学习和掌握为他们服务的专用技能。导游员应能够使用手语为听说残障游客提供讲解服务和生活帮助，为视力残障游客引路，为肢体残障游客操作轮椅等。

第三节　导游服务的协作艺术

一、导游服务集体的协作艺术

（一）导游服务集体的概念

导游员的任务是实施旅游接待计划，为游客提供导游讲解服务、旅途生活服务以及信息咨询服务。导游员还是旅游服务各方面关系的协调者和旅游过程中各种问题的主要处理者，工作繁重复杂。这样繁杂的工作无法靠一个人的力量来完成，必须由导游服务集体协作，共同完成。

导游服务集体通常是由实施旅游接待计划、沟通旅游服务各方面的关系、为游客提供各项服务的全程导游员、地方导游员和领队组成，有时还包括定点导游员（讲解员）。导游服务集体的主要任务是为游客提供或落实食、住、行、游、购、娱等方面的服务，保证游客的旅游活动顺利进行。

导游服务集体中的三位导游员代表着三个方面。其中，全程导游员是旅游目的地组团旅行社的代表，地方导游员是旅游目的地的各地接待旅行社的代表，领队则是旅游客源地组团旅行社的代表。三人维护着各自派出旅行社的利益，肩负着各自的职责。他们往往互不相识，各人的性格各异，风格不一，工作方式不同，甚至价值观有别。三人共事时出现观点相左，意见分歧，甚至关系紧张是可以想象的。

然而，为了圆满完成接待任务，保证导游服务的质量，导游服务集体中的三位成员必须要协作共事，相互合作。这种合作是否愉快顺利，直接决定着导游服务的质量和旅游者的感受。

（二）导游服务集体协作的基础

全程导游员、地方导游员和领队之间的协作不仅十分必要，也存在着合作的条件和基础。

1. 维护相同的根本利益

全程导游员、地方导游员和领队作为一个工作集体，有着相同的根本利益。首先，他们有共同的工作对象：游客；其次，他们有共同的工作任务：执行该旅游团队的旅游计划，为其安排落实各项旅游服务；最后，他们有共同的工作目标：组织好该团队游客的旅游活动，为其提供满意的服务。

全程导游员和地方导游员更有着共同的利益，即维护旅游目的地旅游业在旅游市场上的声誉。为发展旅游目的地旅游业的共同目标，他们之间的协作是理所应当的。

旅游目的地的全程导游员、地方导游员与领队之间的协作关系，实际上就是旅游目的地旅行社与旅游客源地旅行社之间的合作关系。他们之间建立良好关系的前提是平等互利、互守信用，以及向游客提供优质服务。这些前提条件的具体体现就是全程导游员、地方导游员和领队之间的良好协作，共同完成接待游客、执行旅游接待计划规定的任务。因此，导游服务集体三成员的关系是相互依存的，根本利益是相同的。他们在导游服务中应相互协作，同舟共济，精诚团结，顾全大局。

2. 以旅游协议为协作基础

在导游服务过程中，全程导游员、地方导游员和领队之间可能会遇到问题，出现争论和分歧。这都是很正常的现象。但是，他们都必须以执行旅游企业之间、旅游企业与游客之间签订的协议，完整落实协议书规定的各项服务内容为第一要义。换言之，旅游协议是全程导游员、地方导游员和领队协作共事的基础。

（三）导游服务集体协作的艺术

旅游活动顺利进行的关键之一就是全程导游员、地方导游员和领队之间应建立良好的协作关系。这种关系的建立不仅需要有良好的意愿，也要注意一定的方式方法。以下我们择要介绍处理导游集体关系的方法。

1. 主动争取各方的配合

在为游客提供导游服务时，全程导游员、地方导游员和领队都应主动争取其他两人的配合，使之形成合力，共同努力完成旅游接待任务，反对短期行为和本位主义。

2. 尊重各方的权限和利益

导游服务集体的三成员虽然代表着三方的利益，工作权责有别。但是，他们之间的关系是平等的。三者之间的配合应是互补、互利的，应互相尊重各方的工作权限，切忌干预对方的活动，侵害他方的利益。

3. 建立友情关系，保持适当距离

全程导游员、地方导游员和领队都必须正确运用公共关系中的工作关系（理性关系）和情感关系（人情关系）相统一的方法，建立起和谐、美好的友情关系。同时，要把握好二者之间友情关系的尺度和距离，尊重彼此的隐私权，不涉及工作的保密禁区。

4. 主动交流信息，及时沟通思想

主动及时交流信息、沟通各自想法是增进相互理解、消除彼此误会的重要手段，是三人协作的重要保证。尤其在处理如更改旅游活动日程等重要事件时，全程导游员、地方导游员和领队应在求得意见一致的基础上协同行动。

5. 彼此尊重、相互学习、勇担责任

导游服务集体的三成员由于共同的工作任务集合在一起，在工作中应彼此尊重、平等相待、相互学习、取长补短。在工作中如果发生问题或事故，全程导游员、地方导游员和领队都应从做好导游服务工作的大局出发，在分析原因的基础上，分清责任，各自都应勇于承担属于自己的责任，切忌相互指责和推诿。

二、导游员与旅行社内部门的协作艺术

导游服务的好坏、旅游产品的质量优劣、游客满意度的高低，除了导游员自身的努力之外，也需要旅行社内各部门的通力合作。导游员虽然处在旅游接待第一线的中心位置，起着关键作用，但是他们在工作时还需要外联、计调、接待等旅行社部门的密切合作。

虽然导游员与旅行社内的各部门间的合作是理所当然的，但是各部门有各自的工作方式和各自部门的利益。为了做好导游服务工作，导游员必须掌握与社内部门的协作艺术。

（一）规范操作，工作主动

旅行社对其业务经营有着统一管理，规定每个部门的具体工作以及职权和职责，并对每项具体工作提出相应的工作程序和操作规范。这样做才能使工作正常进行，以利于劳动分工、统一指挥和职权、职责的发挥。这是旅行社内各部门各司其职、分工合作的基础。导游员应严格遵守旅行社的管理制度，按照社内规定的操作规范认真完成本职工作，这样既有利于导游员自身工作水平和工作效率的提高，也为社内相关部门的工作开展提供了便利。

另外，导游员在工作中还应充分发挥主观能动性，认真负责，对各项工作要多考虑，动脑筋，重落实。这样做能将其他部门的劳动价值充分体现出来，也能有效地避免因配合不到位造成的人为失误和事故，其他相关工作人员也愿意与这样的导游员合作。比如导游员通过认真研究接待计划，发现团队中有特殊需要的游客，如老年游客、儿童游客等，可适当提醒计调部的工作人员，在与旅游接待单位的业务沟通中，注意满足接待这些游客的细节要求。

（二）加强沟通，争取配合

导游员与旅行社内各部门之间要保持顺畅的沟通和交流，旅游活动具有流动性，且总处在变化之中。在旅游途中，导游员时刻和游客在一起，是最了解游程中各类情况、各种变化的人。导游员应加强与旅行社内相关部门的联系和沟通，及时介绍旅途中的情况，也需要对现实情况中可能发生的变化和问题做出判断与预测，将这些反映给社内部门，以便其据此早做准备，采取措施。在导游服务过程中，当出现需要社内部门配合的情况时，导游员应积极反映，不要自作主张，并感谢其他部门及其工作人员的配合。

（三）相互尊重，勇于担责

导游员应该充分了解社内相关部门及其工作人员的辛劳和紧张，尊重他们的劳动。当某个部门及其工作人员出现某些工作失误时，导游员不应过分强调其失职而横加指责，应充分运用自己的力量协助后勤工作人员先把问题解决，把不良影响和损失降到最低。事后，各方要勇于承担相应的责任，切忌出事后就置身事外，以诋毁他人的方式来逃避责任。

三、导游员与相关部门的协作艺术

旅游产品是综合性的整体产品，是旅游经营者为满足游客在旅游过程中的各种需求而提供的各种设施与服务的总和。旅游产品不仅包括景点游览，还包括旅途沿线所提供的交通、餐饮、住宿、娱乐、购物等服务。这些服务需要旅行社、饭店、交通部门、旅游景点、商店、边防、海关、安全保卫等相关部门的高度协作。没有这些相关部门的协作，旅游产品的质量就无法保证。只要旅游服务网络中的任何一个环节出现瑕疵，就会导致整个旅游服务的功亏一篑。导游员即便使出浑身解数，也很难使游客感到满意。因此，导游员进行导游服务时，必须与相关部门建立良好的协作关系。

（一）与相关部门协作的基础

导游员作为旅行社的代表，在接待游客问题上，需要与相关部门良好协作，各方互相协作的基础是导游员所代表的旅行社同相关旅游接待单位之间是一种互利互补关系。具体表现为以下几个方面。

1. 根本利益一致

导游员为之服务的旅行社和其他接待单位及相关部门同为旅游目的地旅游业的一部分，都负有为旅游目的地树立旅游形象和该地区旅游业发展做贡献的责任。所以，它们在总体发展目标和长期根本利益上是一致的。

2. 现实利益的相互依赖

在接待游客，尤其是接待旅游团队过程中，导游员为之服务的旅行社和相关接待单位构成了旅游接待体系中的各个环节。旅行社的业务就是将各地旅游资源联点成网、联点成线。没有横向联合就不可能开展旅行社的业务，也没有旅行社的产品。所以唯有相互配合、密切协作，才能完成旅游团队及其游客的整体接待任务，实现利益共享。其中任何一个环节的失误或服务上的缺陷不仅会对整体的旅游服务质量形成影响，对自身未来的发展也会带来损害。所以，它们之间在经营上既明确分工，也相互合作、相互依赖。

3. 合同是协作的基础

无论是旅行社，还是其他相关接待单位，它们各自都是独立的企业法人组织。它们之间在业务经营上虽然有联系，但这种联系不是自动的，而是通过商业合同来实现的。在接待旅游团队时，旅行社正是通过向相关接待单位签订合同来维系旅游接待服务体系的。因此，商业合同是联系它们之间的纽带。双方都具有严格履行合同的义务。合同对双方都具有法律约束力，是双方合作的法律基础。导游员和相关接待单位正是在此基础上建立起协作关系。

（二）与相关部门协作的艺术

作为旅行社的代表，导游员在和相关部门协作时应掌握协作艺术和协作方法。

1. 摆正位置，予以尊重

导游员与相关部门的工作人员，如司机、饭店服务人员、景区工作人员等，是一种分工协作的关系。虽然分工不同，服务的形式和内容有所不同，但是他们都是旅游接待服务的提供者，相互之间是平等的合作关系。

导游服务的好坏在相当大的程度上依赖于相关接待部门工作人员的劳动和劳动效果。因此，导游员应尊重相关接待单位人员的劳动，由此他们能够得到后者对其工作的支持与配合。为此导游员应做到以下四点。

（1）尊重对方

导游员应把相关部门工作人员的劳动与自己的劳动同等看待，切忌以高人一等自居，发号施令。导游员应摆正自己与相关接待单位之间的关系，决不能把带领旅游团队到这些部门消费看作对后者的一种恩赐。

（2）适当监督

导游员应清楚自己的职责所在，按照旅游协议的规定，对相关接待单位提供的产品和服务质量进行监督。如果对方为己方私利故意违反协议，损害游客的利益，导游员应及时指出，要求改正。导游员不应为了面子，息事宁人，听之任之，导致游客的不满和投诉。

（3）及时补台

导游员应及时向相关部门及其工作人员通报游客的情况，为其能够及时、有效地向游客提供服务创造条件。导游员还应协助他们做好服务缺陷的弥补工作。

（4）表达谢意

导游员应对相关部门及其工作人员的劳动、支持和配合表示诚挚的感谢，以便为建立长期的互助合作关系创造良好气氛。

2. 及时、有效的沟通

及时、有效的沟通是导游人员做好同相关接待单位协调工作的一个重要手段。

（1）及时进行沟通

及时进行沟通是指导游员与相关部门及其工作人员在沟通时间上不拖延。旅游活动流动性大，涉及面广，关联度高，经常处于变化之中。这些变化包括游客人数的变化、游客性别结构的变化、旅游日程的变化、抵达时间的变化、游客需求的变化等。虽然有时可通过旅行社的内勤人员向相关部门转告发生的变化，但是，有些时候，因时间紧迫、活动地点流动等原因，旅行社的内勤人员来不及转告时，导游员必须尽快通知有关部门及其工作人员，使他们在心理、物质、时间上有应付变化的准备。

（2）选择有效沟通

有效沟通是指导游员与相关部门及其工作人员之间的沟通能够达到预期的效果。换言之，导游员的沟通对象应是相关部门合适的人员。例如，当旅游团队出现餐饮要求的变化时，导游员既可以同饭店的前厅服务台联系，也可以同饭店的餐饮部联系。然而，导游员如果选择同饭店前厅服务台联系，虽然对方也会当场将游客的要求记录下来，并允诺立即向餐饮部转达。但是，前厅人员可能因一时接待工作忙而延误了转达的时间，或到了客人用餐时间还未转达，就必然影响预期的效果。由此可见，导游员如果直接同饭店餐饮部联系，可以避免出现上述问题，属于有效沟通。

（3）选择沟通时间

同相关部门的沟通包括服务前沟通、服务中沟通和服务后沟通。

①服务前沟通。服务前沟通是指导游员在游客未享用服务之前同相关部门的沟通，其目的在于使相关部门能够按照游客的要求做好相应的服务准备。如为饮食有特殊要求的客人准备符合其要求的食物。

②服务中沟通。服务中沟通是指导游员在游客享用相关部门提供服务过程中的沟通，其目的是帮助解决服务中可能出现的问题或意见。例如，游客入住客房时，发现客房房间不洁、设备损坏等。饭店方面在接到导游员的意见后，能够及时予以清理、维修或调换客房，以达到游客的满意。

③服务后沟通。服务后沟通是指导游员在游客使用相关部门提供的服务之后向相关部门提出意见或建议，其目的是帮助后者进一步改进工作，提高服务质量。

复习思考题

□ 关键概念

服务技巧　　协作艺术　　导游服务集体

□ 课堂讨论题

6.1　针对普通游客的服务艺术主要分为哪些方面？

6.2　在服务于特殊游客时，导游人员应如何运用服务艺术？

6.3　导游服务的协作艺术具有哪些内涵？

□ 思考题

6.1　出境游客的主要特点是什么？

6.2 在接待儿童游客时，导游人员如何提供具有针对性的服务？

6.3 导游人员在与社内各部门合作时，应注意哪些方面？

□ 实训题

到某一景点进行实地考察，观察导游人员在服务于老年游客时的细节。

□ 自测题

6.1 下列选项中，（　　）不属于入境游客接待的主要特点。

A．停留时间长　　B．外籍人员多

C．活动日程稳定　　D．涉及环节复杂

6.2 导游人员在进行服务时，下列情形正确的是（　　）。

A．旅游团中的一位儿童游客胃不舒服，导游及时将自己的胃药送给其家长

B．一全陪为了避免疏忽，将旅游团的集体签证交由领队保管

C．小李接待的旅游团中有许多穆斯林，为了拉近距离，他在讲解时总称赞伊斯兰教的伟大

D．小王作为地陪，每次接待时都尽心尽力地协助全陪做好相关工作

6.3 简述导游人员在接待老年游客时需要注意的几个方面。

6.4 名词解释：旅游产品

6.5 根据所学知识，对下面的案例进行分析。

小陈在北京某国际旅行社担任导游，此次接待的是一个来自法国的入境旅游团。在机场顺利接到旅游团后，小陈带领旅游团乘坐大巴前往饭店。途中，她热情洋溢地向旅游者致欢迎辞，并向旅游团通报了活动日程安排。到达饭店前，小陈宣布因第二天要参观长城，为防止途中堵车，所以暂定叫早时间为六点，六点半用早餐。但领队小孙不同意，认为叫早时间太早，随后小陈又将叫早时间定为七点，七点半用早餐，小孙仍不同意，于是小陈礼貌地向小孙征询意见，但是小孙非常冷漠地回答道："这些事不是你拿主意吗？怎么倒问起我来了？"车上的气氛顿时变得十分尴尬，小陈很生气但是也没说什么，游客的情绪也受到一定的影响。

如果你是小陈，遇到这种情况你会怎么处理？

第七章　旅游事故的预防与处理策略

学习目标

7.1　导游工作事故的预防与处理策略

7.2　旅游安全事故的预防与处理策略

7.3　游客个人事故的预防与处理策略

■　关键概念

■　课堂讨论题

■　思考题

■　实训题

■　自测题

通过本章学习，你应该达到以下目标。

知识目标： 掌握各种旅游故障的类型及其产生的原因，了解各种旅游故障的处理策略。

技能目标： 能够准确地分析不同类型旅游故障发生的原因。

能力目标： 能够较好地预防各种旅游故障的发生，能够妥善地处理各种旅游故障。

第一节 导游工作事故的预防与处理策略

一、导游工作事故的基本类型

导游工作事故是指由于导游员在导游服务过程中因自身的疏忽和失误所造成的事故。发生频率较高的导游工作事故有漏接游客事故、错接游客事故和造成游客误机（车、船）事故。

（一）漏接游客事故

漏接游客事故简称漏接事故，是指游客已经按照旅游计划抵达旅游目的地，而导游员未能按时赶到飞机场、火车站或码头迎接，致使游客焦急等待并造成心情不愉快的事故。

（二）错接游客事故

错接游客事故是指导游员在接站时，误将本应由其他旅行社或本旅行社其他导游员接待的旅游团作为自己所应接待的旅游团接走。造成错接游客事故的原因是导游员的工作疏忽，即在接待前没有认真核实客源地组团旅行社或旅游中间商的名称、旅游团代号、旅游团人数与领队姓名，而只是其中一两项内容与旅游计划相似就认为是所要接待的旅游团。错接游客事故是导游员的一种工作失误。

（三）误机（车、船）事故

误机（车、船）事故是指导游员因疏忽大意或工作差错导致游客未能按照旅游计划确定的航班（车次、船次）离开本地，被迫延长在本地停留时间的事故。误机（车、船）事故是一种比较严重的导游员工作失误。它不仅会对游客造成不利影响和损失，也会给旅行社造成重大经济损失。

二、导游工作事故的发生原因

（一）导游员自身的原因

1. 缺乏经验

缺乏经验是造成导游工作事故的一个重要原因。一些刚刚走上导游工作岗位的导游员，或因岗前培训不足，或因仓促上岗，缺乏导游工作所必需的实际经验。他们在承接导游工作伊始，往往对导游工作中可能发生的不利变化估计不足，缺少充分的心理准备。所以，他们或在导游接待的准备阶段没有对接待计划或旅游合同进行认真审阅，从中发现可能存在的问题并采取适当的预防措施，导致在实际接待过程中产生工作事故；或在实际接待过程中因缺乏经验，面对突发情况难以及时采取正确应对措施，造成工作失误。

2. 责任心不强

责任心不强也是造成导游工作事故的一个原因。有些导游员对于导游工作缺少热情，在工作中漫不经心，疏忽大意，自以为是，缺乏必要的责任心，从而可能导致产生工作事故。例如，有的导游员不认真核查游客的交通票上注明的离开本地或离境的时间和场站，没有为送站安排充足的时间和适当的路线，导致发生误机（车、船）的事故。又如，有的导游员在接站前没有注意到旅行社计调部门或接待部门内勤人员发出的游客抵达时间或场站的变更通知，仍旧按照原旅游接待计划上的时间或场站接站，结果造成漏接游客事故。再如，有的导游员不认真核对旅游接待计划上所标明的旅游团队名称，结果，在接站时发生错接游客事故。

（二）旅行社的原因

1. 沟通不畅

导游工作事故的发生可能与旅行社内部沟通不畅存在一定关系。有的旅行社部门之间缺乏畅通的沟通渠道，导致导游员所属的接待部门没有从计调部门及时获得交通工具及抵离时间或场站变更、旅游活动计划变更等信息，从而造成漏接、误机（车、船）的工作事故。

2. 协调不力

协调不力是指旅行社与上一站的地接社、客源地组团社、目的地地接社之间缺少有力的协调，导致游客旅游活动及交通方式、时间、场站变更的信息不能及时传达到导游员，从而造成导游工作出现失误。

（三）其他方面的原因

1. 交通部门的原因

旅游交通部门发生的某些问题可能成为造成导游工作事故的原因。例如，某个航班提前到达或临时改变停靠的空港航站楼都可能令导游员措手不及，难以在游客走进旅客迎接大厅时及时迎接他们。又如，接站或送站的旅游汽车在途中发生故障或遇到严重堵车等情况，无法按时抵达游客抵离的飞机场、火车站或码头，造成漏接游客事故或误机（车、船）事故。

2. 自然方面的原因

台风、地震、山体滑坡、海啸、泥石流等自然灾害也可能是造成导游工作事故的原因。这些原因属于不可抗力，无需导游员或旅行社承担责任。

3. 突发事件的原因

突发事件也是造成导游工作事故的原因。例如，在境外旅游期间，导游员和游客可能遇到因罢工、政治事件、恐怖事件等突发事件，从而影响当地导游员准时接站或送站，造成漏接游客事故或误机（车、船）事故。

三、导游工作事故的预防与处理

（一）漏接游客事故的预防与处理

1. 漏接游客事故的预防

（1）为了预防漏接游客事故的发生，导游员从旅行社接待部门领取旅游接待任务后，应及时了解游客抵达本地的日期、时间和接站地点，并与计调部门核对清楚。

（2）核实交通工具到达的准确时间。导游员在游客即将抵达本地的当天，应提前与旅行社计调部门联系，了解游客所乘坐的航班或车次是否发生变更。导游员还应及时与机场（车站、码头）的相关部门联系，核实航班（车次、船次）抵达机场（车站、码头）的确切时间。

（3）提前抵达接站地点。导游员应与司机商定好出发时间，保证在游客所乘坐航班（车次、船次）抵达前半小时到达接站地点。

2. 漏接游客事故的处理

漏接游客事故的发生导致游客焦急等待、无安全感、心情不愉快、影响其对旅游目的地的第一印象。因此，导游员必须高度重视事故的严重性，积极采取措施妥善处理事故。导游员应以诚恳的态度如实向游客说明事故的原委并诚恳道歉。必要时，导游员可请旅行社的领导出面赔礼道歉或酌情给游客一定数量的物质补偿。即使漏接游客事故是由于其他方面或不可抗力造成的，导游员亦应该体谅游客的焦急情绪，做好安抚工作。此外导游员应主动采取弥补措施，通过向游客提供更加热情周到的服务，做更加生动的导游讲解，以求消除因漏接给他们造成的不愉快心情和对本地的不良印象。

（二）错接游客事故的预防与处理

1. 错接游客事故的预防

（1）为了预防错接游客事故的发生，导游员应按照规定提前到达接站地点做好迎接的准备工作。

（2）当游客抵达时，导游员应按照旅游接待计划上的游客名单认真地逐一核实旅游客源地组团旅行社的名称、旅游目的地接团旅行社的名称、旅游团的代号（游客的姓名）、游客人数、旅游团队领队或全程导游员的姓名（无领队和全程导游员的旅游团队要核实游客的姓名）、所预订下榻的饭店等信息。

（3）导游员应提高警惕，在机场（车站、码头）人头攒动、客流量大的情况下保持头脑清醒，严防社会其他人员趁乱接走游客。

2. 错接游客事故的处理

（1）如果同一旅行社派遣的两名地方导游员之间发生了错接游客事故，而游客对该事故尚未察觉，导游员不必向游客说明或解释，以免引起游客的不满或恐慌。导游员应立即向旅行社的有关领导汇报。经领导同意，接错游客（旅游团队）的地方导游员之间可不再交换游客（旅游团队）。双方可根据旅行社领导的指示，相互交换旅游接待计划，并按照交换后的旅游接待计划为游客提供导游服务。

（2）如果同一旅行社派遣的两名全程导游员之间发生了错接游客事故，应交换旅游团并向旅游者道歉；若错接的是另外一家旅行社的旅游团，导游人员应立即向旅行社领导汇报，设法尽快交换旅游团，并向旅游者实事求是地说明情况并诚恳道歉。

（三）误机（车、船）事故的预防与处理

1. 误机（车、船）事故的预防

地陪、全陪要提前做好旅游团离站交通票据的落实工作，并核对日期、班次、时间、目的地等，如交通票据没落实，带团期间要随时与旅行社有关部门联系，了解班次有无变化。

临行前，不安排旅游团到范围广、地域复杂的景点参观游览；不安排旅游团到热闹的地方购物或自由活动。安排充裕的时间去机场（车站、码头），保证旅游团按以下规定时间到达离站地点：

①乘国内航班，提前一个半小时到达机场；

②乘火车，提前一个小时到达车站；

③乘国际航班出境或去沿海城市的航班，提前两个小时到达机场。

2. 误机（车、船）事故的处理

（1）导游人员应立即向旅行社领导及有关部门报告并请求协助。

（2）地陪和旅行社尽快与机场（车站、码头）联系，争取让游客乘最近班次的交通工具离开本站，或包机（车厢、船）或改乘其他交通工具前往下一站。

（3）稳定旅游者情绪，安排好当地滞留期间的食宿、游览等事宜。

（4）及时通知下一站，对日程做相应调整。

（5）向旅游者赔礼道歉。

（6）写出事故报告，查清事故原因和责任，责任者应承担经济损失并受相应的处分。

第二节　旅游安全事故的预防与处理策略

一、旅游安全事故的基本类型

旅游安全事故是指关系游客人身安全和财产安全的事故。无论是人身安全事故还是财产安全事故，都与游客本人密切相关，轻则游客遭受财物损失，给旅途生活造成麻烦和不便，影响游客的情绪；重则危及游客及导游员的生命安全。旅游安全事故往往事发突然，波及面广，损失严重，危害较大，处理不当易导致不可挽回的不良后果和影响。所以旅游途中，导游员必须时刻提醒游客注意，努力避免此类事故的发生。

（一）常见的旅游安全事故类型

1. 交通事故

交通事故是指旅行过程中因交通工具故障、驾驶员操作失误或游客个人行为不当造成

游客受伤或死亡的事故。在交通事故中，不少属于重大或特大事故，如飞机失事、火车出轨或相撞、轮船失事、汽车相撞或翻车等，给游客带来生命和财产的严重损失。

2. 治安事故

治安事故是指在旅游过程中发生的对游客的生命或财产构成威胁或造成损害的各种治安事故。治安事故涉及的范围较广，如游客在旅游过程中受到骚扰、诈骗，所带财物被盗、被抢，游客被伤或被杀等。这些事故的发生会使游客的身心健康和生命财产受到损害或威胁，严重地影响旅游活动的进行。

3. 火灾事故

作为旅游安全事故之一的火灾事故是指饭店、景区、娱乐场所、交通工具等旅游设施的失火事故。火灾事故往往严重威胁或伤害游客的生命和财产安全，并对旅游活动造成严重的负面影响。

4. 食物中毒事故

食物中毒亦称食源性疾病，是指游客在旅游过程中因为误食了受污染食物、致病细菌、病毒，或被寄生虫、化学品或天然毒素感染了的食物所造成的旅游安全事故。食物中毒事故具有潜伏期短、突然爆发或集体爆发、非传染性等特点，多数临床表现为肠胃炎的症状，并和食用某种食物有明显关系。

食物中毒事故往往对游客的身体健康造成损害，轻者可能导致游客出现发热、休克、腹泻、恶心与呕吐、腹痛、脱水等症状，严重的可造成游客出现代谢性酸中毒、周围血管征等症状，并可能造成游客致残或死亡的后果。

根据致病源，游客食物中毒事故可以分为细菌性食物中毒事故、真菌性食物中毒事故、动物性食物中毒事故、植物性食物中毒事故、化学性食物中毒事故五个类型。

（1）细菌性食物中毒事故

细菌性食物中毒事故是指游客因摄入含有细菌或细菌毒素的食品而引起的食物中毒事故。引起食物中毒的原因有很多，其中最主要、最常见的原因就是食物被细菌污染。食物被细菌污染主要有以下几个原因：

①游客就餐的饭店、餐馆采用病禽、病畜作为食品原料；

②游客就餐的饭店、餐馆烹饪人员所使用的刀具、砧板及用具不洁，造成生熟交叉感染；

③游客就餐的饭店、餐馆的卫生状况差，蚊蝇滋生；

④烹制游客食品的饭店、餐馆从业人员带菌污染食物。

（2）真菌性食物中毒事故

真菌在谷物或其他食品中生长繁殖，产生有毒的代谢产物，用一般的烹调方法加热处理不能破坏食品中的真菌毒素。游客如果误食了被真菌污染的食物可能会引发真菌性食物中毒事故。

（3）动物性食物中毒事故

动物性食物中毒事故是指游客误食动物性中毒食品引起的食物中毒事故。常见的动物性中毒食品主要有两种，即：

①含有天然有毒成分的动物或动物的某一部分的食品，如河豚；

②在一定条件下产生了大量有毒成分的动物性食品，如鲐鱼。

（4）植物性食物中毒事故

植物性食物中毒事故是指游客因误食有毒植物或有毒的植物种子，或因厨师的烹调加工方法不当，没有把植物中的有毒物质去掉而引起的食物中毒事故。

（5）化学性食物中毒事故

化学性食物中毒是指游客因食用含有某种或几种化学性毒物的食物，使其机体组织器官发生异常作用，给其正常生理功能造成破坏，从而引起功能性或器质性病理改变的急性中毒事故。常见的化学性食物中毒事故包括有机磷引起的食物中毒事故、亚硝酸盐食物中毒事故、砷化物引起的食物中毒事故等。

5. 游客溺水事故

溺水事故是指不谙水性的游客在旅游过程中不慎跌入海洋、河流、湖泊等水体中，导致气管内吸入大量的水阻碍呼吸，或因喉头强烈痉挛，引起呼吸道关闭，出现窒息甚至死亡的事故。

（二）旅游安全事故的等级分类

1. 轻微事故

轻微事故是指在旅游过程中造成游客轻伤，或经济损失在 1 万元以下的旅游安全事故。

2. 一般事故

一般事故是指在旅游过程中造成一名游客重伤，或经济损失在 1～10 万元（含 1 万元）的旅游安全事故。

3. 重大事故

重大事故是指在旅游过程中造成一名游客重伤、致残或死亡，或经济损失在 10 万～100 万元（含 10 万元）的旅游安全事故。

4. 特大事故

特大事故是指在旅游过程中造成多名游客死亡，或者经济损失在 100 万元（含 100 万元）以上，或者性质特别严重，产生重大影响的旅游安全事故。

二、旅游安全事故发生的原因及其危害

旅游安全事故产生的原因很多，包括旅行社及其接待人员的工作疏忽、相关旅游服务部门的工作失误、不法分子的犯罪行为及某些自然因素。旅游安全事故可能给游客和旅行社带来危害。因此，分析旅游安全事故产生的原因及其造成的危害是十分必要的。

（一）旅游安全事故产生的原因

1. 交通事故产生的原因

（1）交通工具故障

交通工具出现故障往往可能造成交通事故。例如，由于缺少日常维修，或机械零部件

更换不及时，导致游客乘坐的汽车发生因刹车失灵所造成的撞车事故，并致游客伤亡。又如，在水面运送游客的客船因年久失修发生漏水，并造成沉船事故。

（2）驾驶员操作失误

有些交通事故发生的原因是驾驶员的操作失误。例如，有的驾驶员缺乏安全驾驶意识，在危险的路段开快车，结果造成车祸。还有的驾驶员不顾游客安全，在驾驶过程中开“英雄车”、“斗气车”，在路况较差的公路上盲目超车，造成交通事故。还有的驾驶员无视交通法规，酒后驾车或疲劳驾驶，导致交通事故的发生，给游客的人身安全或财产安全造成损害。

2. 治安事故产生的原因

犯罪分子作案是造成治安事故的主要原因。犯罪分子采取凶杀、纵火、放毒、诈骗、勒索等手段，制造各种治安事故，严重损害了游客的人身和财产安全。

3. 火灾事故产生的原因

（1）工作人员疏忽大意

工作人员疏忽大意是导致火灾事故的重要原因之一。具体的原因包括：

①防火意识薄弱，有些工作人员的防火意识薄弱，对于火灾隐患视而不见或未予充分重视，发现火灾苗头时疏忽大意，结果酿成火灾事故；

②消防管理疏漏，有些旅游接待设施的消防管理制度存在疏漏，没有按照相关规定配置充足和适当的消防器材，或对消防器材疏于管理和检查，没有及时更换过期的或损坏的消防器材，导致火灾发生时，不能及时控制火情，造成严重的火灾损失；

③工作人员操作失误，某些旅游设施的工作人员没有掌握相应的操作技能，在工作中操作失误，从而引发火灾事故。

（2）犯罪分子作案

犯罪分子纵火是造成一些旅游设施火灾的另一个原因。一些犯罪分子利用某些旅游设施的管理制度疏漏或工作人员的松懈，趁机纵火焚烧旅游设施，给这些旅游设施造成损失并威胁游客的人身、财产安全。

（3）自然灾害

有些自然灾害也是造成旅游设施火灾事故的原因。夏季里的雷电可能引发火灾，地震引发的旅游设施火灾也有所耳闻。

4. 食物中毒事故产生的原因

（1）烹饪人员操作失误

饭店、餐馆的烹饪人员在工作中出现的技术性失误是导致发生游客食物中毒事故的重要原因。常见的失误包括：

①烹饪人员带菌作业，有些烹饪人员在操作中使用未经消毒的刀具、砧板及用具，造成食物污染；

②生熟交叉感染，有些饭店、餐馆的厨房管理不够规范，生食器皿与熟食器皿混用，造成生熟食物交叉感染；

③有些烹饪人员使用变质、腐败原料制作食品；

④有些烹饪人员的烹调加工方法不当，没有把有些含有毒素的蔬菜（如豆角）烧熟，将有毒物质去掉。

（2）游客误食不洁食品

误食不洁食品是造成游客食物中毒事故的另一个原因。有的游客在一些卫生条件较差的小摊贩处购买并食用了某些不洁食品，结果造成细菌性食物中毒事故。

（3）犯罪分子作案

犯罪分子趁人不备在游客准备食用的食物中投放有毒物质，也是造成游客食物中毒事故的一个原因。

5. 游客溺水事故产生的原因

（1）游客的泳术不佳

有些初学游泳的游客，由于游泳技术掌握得不好，在水中一旦发生问题就手忙脚乱，导致呛水而造成溺水。

（2）在非游泳区游泳

有些游客不听导游员的劝阻，在非游泳区游泳。由于对水中的情况不熟悉，游客可能受到水中的暗桩、礁石、急流、漩涡、水草以及障碍物等的伤害，并引发溺水事故。

（3）患病期间游泳

有的游客身患慢性疾病，平时没有什么不良感觉，因此下水游泳。但是，当他（她）下水后由于受到冷水的刺激或游泳运动量过大，导致心脏一时不能适应发病而发生溺水事故。

（二）旅游安全事故造成的危害

1. 严重干扰旅游活动

旅游安全事故的发生，往往会导致原先确定的旅游计划无法继续执行，迫使旅行社对旅游活动日程进行调整，有时甚至被迫更换或减少一些旅游活动内容，从而造成游客难以充分享受旅游活动本应给他们带来的愉悦和幸福。

2. 损害游客的人身安全

旅游安全事故可能会造成游客的人身伤害，使游客受到身体创伤和痛苦的折磨，甚至给游客带来肢体残疾。严重的旅游安全事故甚至可能造成游客的亡故。另外，游客可能因旅游安全事故造成的伤痛或疾病而被迫中止旅游活动。由此可见，旅游安全事故给游客造成的危害十分严重。

3. 造成游客的财产损失

旅游安全事故给游客财产造成的损失包括钱物被盗、随身行李或托运行李箱被盗、钱物被诈骗等，从而给游客带来一定的经济损失。

4. 导致旅行社的损失

旅游安全事故的发生，不仅会给游客带来损失，也会给旅行社带来经济及其他损失。首先，旅游安全事故的发生往往迫使旅行社调整旅游活动计划，重新安排或采购旅游服务项目，从而增加了旅行社的采购成本；其次，有些旅游安全事故的发生原因是旅行社的工作失误，因此，旅行社必须承担相应的赔偿责任；再次，为了安抚游客的情绪，旅行社有时必须在自身无过错的情况下向游客提供某些计划外服务项目，从而增加了旅行社的开支；最后，旅游安全事故的发生可能会造成旅游市场上游客对旅行社的服务质量产生质疑，导致旅行社的社会信任度下降，从而对旅行社的经营活动和企业品牌产生负面影响。

三、旅游安全事故的预防与处理

（一）旅游安全事故的预防

1. 交通事故的预防

在提供旅游交通服务产品的各类企业或部门中，民用航空公司、铁路部门、轮船公司等旅游交通企业或部门往往并不直接同导游员打交道，导游员很难在预防航空、铁路、水运等交通事故方面发挥作用。然而，导游员能够在预防公路旅游交通事故方面发挥较大作用。因此，导游员应采取以下措施，协助提供公路旅游交通服务的司机预防交通事故的发生。

（1）在接待游客前，导游员应提醒司机检查车辆，发现事故隐患并及时提出更换车辆的建议。

（2）导游员在安排活动日程的时间上要留有余地，不催促司机为抢时间赶日程而违章、超速行驶。

（3）遇有天气不好（如下雨、下雪、下雾）、交通拥挤、路况不好等情况，导游员应主动提醒司机注意安全，谨慎驾驶。

（4）导游员既应阻止非本车司机开车，还要提醒司机不要饮酒。

（5）如遇司机酒后开车，导游员要立即阻止，并向旅行社领导汇报，请求改派其他车辆或调换司机。

2. 治安事故的预防

导游员在接待工作中要时刻提高警惕，采取以下有效措施，防止治安事故的发生。

（1）导游员应主动提醒游客注意以下事项：

①不要将房号随便告诉陌生人；

②不要让陌生人或自称饭店的维修人员随便进入房间；

③出入房间锁好门，尤其是夜间不可贸然开门，以防意外；

④不要与私人兑换外币等。

（2）游客住进饭店后，导游员应建议他们将贵重财物存入饭店保险柜，不要随身携带或放在房间内。

（3）游客离开游览车时，导游员应提醒游客不要将证件或贵重物品遗留在车内。游客下车后，导游员应提醒司机锁好车门、关好车窗。

（4）在旅游活动中，导游员应始终和游客在一起，注意观察周围的环境，经常清点人数。

（5）在行驶途中，导游员应要求司机不得停车让无关人员上车。如遇到不明身份者拦车，导游员应提醒司机不要停车。

3. 火灾事故的预防

在旅游活动中，为了防止火灾事故的发生，导游员应采取以下措施。

（1）在旅游活动开始前，导游员应提醒游客：

①不要携带易燃、易爆物品；

②不要乱扔烟头和火种；

③向游客讲明交通运输部门的有关规定，不得将不准作为行李运输的物品夹带在行李中。

（2）导游员应熟悉饭店、娱乐场所、旅游景区、商场等旅游设施的太平门、安全出口、安全楼梯的位置及安全转移的路线，并向游客介绍。

（3）导游员应牢记火警电话（119），掌握旅游团队的领队和游客所住的饭店房间号码。

4. 游客溺水事故的预防

在旅游接待活动中，导游员应采取以下措施，预防游客溺水事故的发生。

（1）在陪同游客在海边、河边、湖边游览时，导游员应提醒游客，尤其要提醒孩子、老人不要太靠近海边、河边、湖边行走，以免失足落水。

（2）在乘船时，导游员应提醒游客不要超载，不能在船上打闹，不要在船上随意跑动，不要在船上有安全隐患的区域逗留。

（3）游客按照旅游计划或活动日程在海里、河里或湖里游泳时，导游员应做到：

①提醒游客注意在水中游泳的安全，不要在非游泳区游泳；

②在游泳区下水游泳前，提醒游客做好全身准备活动；

③提醒水性不好者不去深水处游泳；

④提醒游客监护好自己随行的孩子。

（4）在组织游客进行水上活动时，导游员应提醒游客穿好救生衣、带好救生圈等救护设备。

（5）导游员应将码头的电话告知游客，以备天气突变时进行联系。

5. 食物中毒事故的预防

导游员在接待过程中应采取下列措施，以预防食物中毒事故的发生。

（1）安排游客在卫生条件好的旅游定点餐厅用餐。

（2）提醒游客不要在路边摊贩处购买和食用不洁食物。

（3）如果导游员发现游客在用餐时的食物、饮料不干净，应立即要求餐厅予以更换。

（4）游客在餐馆食用海鲜类等易出现蛋白质过敏现象的食物时，导游员应事先提醒游客适量食用，并可适当饮用白酒、米醋等佐餐，但不应饮用啤酒，以防引发痛风等病症。

（二）旅游安全事故的处理

1. 交通事故的处理

当交通事故发生后，导游员应采取以下措施进行处理。

（1）组织抢救

当交通事故发生并出现游客伤亡时，导游员应立即组织现场人员迅速抢救受伤的游客，特别是抢救重伤员。如不能就地抢救，应立即将伤员送往距离出事地点最近的医院抢救。

（2）保护现场

交通事故发生后，导游员应保持头脑冷静，不要在忙乱中破坏现场。导游员应指定专人保护现场。

（3）立即报案

导游员应尽快通知公安交通管理部门（交通事故报警台电话是 122），请求派人来现场调查处理。

（4）及时汇报

导游员在将受伤的游客送往医院后，应及时向接待社领导报告交通事故的发生及游客伤亡情况，听取领导对下一步工作的指示。

（5）安抚工作

交通事故发生后，导游员应做好团内其他游客的安抚工作，继续组织安排好参观游览活动。待事故原因查清后，导游员应向全团游客说明情况。

（6）书面报告

交通事故处理结束后，导游员应写出事故报告。事故报告力求详细、准确、清楚（最好和领队联署报告）。事故报告应包括下列内容：

①事故的原因和经过；

②受伤人员的抢救经过和治疗情况；

③事故责任的认定及对责任者的处理；

④游客的情绪及其对事故处理的反映。

2. 治安事故的处理

在旅游活动中，如果发生了治安事故，导游员应采取下列措施进行妥善处理。

（1）保护游客

当歹徒因行凶、抢劫、盗窃等行为可能威胁游客的人身或财产安全时，在场的导游员应毫不犹豫地挺身而出，根据现场情况和自身条件，设法保护游客。在保护游客安全方面，导游员可采取如下措施：

①如果歹徒只是一个人，且没有手执凶器，而导游员的身体健壮，具有一定的格斗能力，那么，导游员应挺身而出，制止歹徒的犯罪行为，保护游客的人身和财产安全；

②如果歹徒人数较多，或手持凶器，而导游员不具有较强壮的体格和格斗能力，导游不应采取与歹徒进行搏斗的方式制止其犯罪行为，而应设法立即将游客转移到安全地点，以免遭到歹徒的进一步伤害；

③如果歹徒人数不多，而周边围观的人较多，导游员可请求在场群众的帮助，制止歹徒的进一步犯罪行为。

（2）立即报警

治安事故发生后，导游员应立即设法向当地公安部门报案并积极协助破案。报案时要实事求是地介绍事故发生的时间、地点、案情和经过，提供作案者的特征，受害者的姓名、性别、国籍、伤势及损失物品的名称、数量、型号、特征等。

（3）抢救伤者

如果游客在治安事故中受伤，导游员应立即请求 120 中心派车到现场，并配合医务人员迅速将游客送往医院进行抢救。

（4）保护现场

如果在治安事故中发生游客死亡的情况，导游员应设法保护现场，等候公安人员前来处理。

（5）及时报告

导游员应及时向旅行社领导报告治安事故发生的情况并请求指示，情况严重时请领导前来指挥、处理。

（6）安抚游客

治安事故发生后，导游员应采取必要措施安抚游客的情绪，努力使旅游计划顺利进行下去。

（7）书面报告

导游员应写出详细、准确的书面报告，报告除上述内容外，还应写明案件的性质、采取的应急措施、侦破情况、受害者和旅游团内其他游客的情绪及有何反映、要求等。

（8）协助善后

导游员应在领导指挥下，准备好必要的证明、资料，处理好各项善后事宜。

3. 火灾事故的处理

在旅游设施发生火灾事故后，导游员采取下列处理措施。

（1）迅速通知旅游团队的领队及全体游客，并告诫游客不得乘坐电梯或跳楼逃生。

（2）配合旅游设施的工作人员，听从统一指挥，迅速通过安全出口疏散游客逃离火场。

（4）如果火情紧急，导游员应保持镇静，准确判断火情，通过电话、手机等通信工具，引导游客自救。自救的措施包括：

①如果游客报告其身上已经着火，导游员应引导他（她）就地打滚，或用厚重衣物压灭火苗；

②如果火场上浓烟笼罩，而游客必须穿过浓烟方可逃生时，导游员应引导游客用浸湿的衣物裹住身体、捂着口鼻，贴近地面顺墙爬行，离开火场；

③如果发生大火封门造成游客无法逃离火场时，导游员应引导游客用浸湿的衣物、被褥堵塞门缝或泼水降温，等待救援；

④导游员应引导游客摇动色彩鲜艳的衣物呼唤救援人员。

（5）离开火场后，导游员应立即组织抢救受伤的游客，将他们送往医院进行救治。如有游客死亡，应在请示旅行社的领导后，协助有关部门和人员按有关规定处理死亡游客的遗体。

（6）火灾事故结束后，导游员应设法稳定游客的情绪，解决因火灾给游客造成的生活方面的困难，并设法使旅游活动继续进行。导游员还应写出翔实的火灾事故发生、处理经过及处理结果的书面报告。

4. 食物中毒事故的处理

当游客出现上吐下泻、腹痛等食物中毒症状时，导游员应建议游客立即停止食用可疑食物，并采取以下处理措施。

（1）立即催吐

导游员应根据游客出现的不同情况选用以下的催吐方法：

①对中毒不久而无明显呕吐症状的游客，导游员可先用手指、筷子等刺激其舌根部的方法催吐，或让中毒者大量饮用温开水并反复自行催吐，以减少毒素的吸收；

②当游客经过饮用大量温水催吐后，呕吐物已为较澄清液体时，可适量饮用牛奶以保护胃黏膜；

③如果导游员在呕吐物中发现血性液体，则提示可能出现了消化道或咽部出血，应暂时停止催吐；

④如果游客吃下有毒食物的时间在 1～2 小时内，导游员可取食盐 20 克加开水 200 毫升，冷却后让其一次喝下，如果不吐，可多喝几次，迅速促进呕吐；

⑤导游员可用鲜生姜 100 克捣碎成汁，让游客用温水冲服，以便催吐；

⑥如果游客吃下去的是变质荤食品，导游员可让其服用十滴水来促使迅速呕吐；

⑦如果游客因食物中毒导致昏迷时，导游员不应对其进行催吐，以免引起窒息。

（2）导泻排毒

如果游客吃下去的中毒食物时间较长（如超过两小时），而且精神较好，导游员可采用服用泻药的方式，促使有毒食物排出体外。导泻排毒的方法包括：

①用大黄、番泻叶煎服或用开水冲服，以达到导泻的目的；

②让游客服用些泻药，促使中毒食物尽快排出体外；

③可选用元明粉 20 克，让老年游客用开水冲服，即可缓泻；

④体质较好的老年游客，可采用番泻叶 15 克，一次煎服，或用开水冲服，以促进排泄。

（3）药物解毒

如果是吃了变质的鱼、虾、蟹等引起的食物中毒，可取食醋 100 毫升加水 200 毫升，稀释后一次服下。此外，还可采用紫苏 30 克、生甘草 10 克一次煎服。若是误食了变质的饮料式防腐剂，最好的急救方法是用鲜牛奶或其他含蛋白质的饮料灌服。

（4）保留样本

由于确定中毒物质对治疗来说至关重要，因此，在发生食物中毒后，要保存导致中毒的食物样本，以提供给医院进行检测。如果身边没有食物样本，也可保留患者的呕吐物和排泄物，以方便医生确诊和救治。

（5）积极抢救

如果发生食物中毒的游客病情严重，或经上述急救，症状未见好转，导游员应设法立即将其送到医院抢救。经医院抢救，游客的病情稳定后，导游员应请医生开具诊治证明。

（6）及时报告

当游客出现食物中毒症状时，导游员除了在现场进行抢救外，还应在第一时间向地接旅行社领导汇报，遵照旅行社领导的指示抢救游客。如果旅行社领导决定前往医院或游客所下榻的饭店慰问游客，导游员应在不影响旅游活动正常进行的前提下陪同前往。

（7）善后总结

请旅行社有关部门追究有关单位的责任。

5. 溺水事故的处理

（1）及时抢救

当游客发生溺水事故时，导游员应及时组织人员抢救，必要时请当地的救生员、救生艇协助救援。溺水游客被救上岸后，导游员应帮助其吐出脏水，换上干衣服，让其喝姜糖水，以防感冒。

（2）送医治疗

对于溺水症状严重的游客，导游员应立即将其送往附近的医院或拨打 120 急救。

（3）保护现场

如果游客在出事现场经抢救无效死亡，导游员应及时报警并保护现场，待公安部门派人前来勘验和处理。

（4）及时报告

游客溺水事故发生后，导游员在设法抢救游客的同时，应尽快向地接旅行社的领导报告，听从其指示，展开进一步的救治。

（5）稳定情绪

游客溺水事故发生后，导游员应设法稳定其他游客的情绪，努力保证旅游活动的继续进行。

（6）保存证据

导游员应设法保存相关证据（旅游安全须知提醒、游客自愿游泳的书面协议等），协助旅行社处理善后事宜。

（7）书面报告

导游员应就游客溺水事故的处理过程及处理结果写成书面报告，交给旅行社的相关部门。该报告应包括事故发生前导游员对游客的提醒或劝阻、游客溺水事故发生的时间和地点、抢救经过、事故处理结果、其他游客的反映等内容。

第三节　游客个人事故的预防与处理策略

一、游客个人事故的基本类型

游客个人事故是指在旅游过程中，由于游客个人原因所造成的事故。游客个人事故通常包括游客遗失物品事故、游客走失事故、游客伤病事故、游客亡故事故四个基本事故类型。

（一）游客遗失物品事故

游客遗失物品事故是指游客因个人原因在旅游期间发生的遗失旅行证件、遗失钱物等事故。

1. 游客遗失旅行证件事故

游客遗失旅行证件事故是指游客在旅行期间因个人疏忽等原因将旅行证件遗失的事故。旅行证件是游客在旅行期间用于证明其身份的证件，在旅行时必须随身携带，以便在入出边境、国境时向边防检查机关以及在国内或国际旅行期间乘坐飞机（火车、轮船）时在机场（火车站、码头）等处安全检查机关出示，接受检查。

由于游客的身份不同，前往的旅游目的地各异，所持的旅行证件也不同。目前，在我国旅行社的接待活动中游客使用的旅行证件主要有护照、中华人民共和国居民身份证、中华人民共和国居民往来港澳通行证、台湾居民来往大陆通行证、港澳同胞来往内地通行证、大陆居民往来台湾通行证、入台证等。

（1）护照

护照是一个国家的公民出入本国国境和到国外旅行或居留时，由本国发给的一种证明该公民国籍和身份的合法证件。外国游客来华旅游需持有所在国政府颁发的该国护照；侨居外国的中国公民回国旅游和我国公民出国旅游均需持有我国政府颁发的中华人民共和国护照。

（2）居民身份证

中华人民共和国居民身份证，简称居民身份证，是用于证明居住在中华人民共和国境内的公民身份证明文件。居民身份证的有效期限分为 10 年、20 年、长期三种。16～25 周岁的，发给有效期为 10 年的居民身份证；26～45 周岁的，发给有效期为 20 年的居民身份证；46 周岁以上的，发给长期有效的居民身份证。

（3）港澳居民来往内地通行证

港澳居民来往内地通行证，简称通行证，是我国香港特区居民和澳门特区居民往来内地的旅行证件。通行证有效期分为 3 年和 10 年两种，持证人年满 18 周岁的为 10 年有效，未满 18 周岁的为 3 年有效。

（4）台湾居民来往大陆通行证

台湾居民来往大陆通行证简称“台胞证”，是中华人民共和国政府发给台湾人民来往大陆地区观光、商务、探视的身份证明书，其样式与作用均类似护照。每次入境所需的类似一般护照上之签证的入境许可，在台胞证上称为“签注”。

（5）中华人民共和国居民往来港澳通行证

中华人民共和国居民往来港澳通行证，简称往来港澳通行证，是由中华人民共和国公安部出入境管理局签发给中国内地居民因私往来香港或澳门地区旅游、探亲、从事商务、培训、就业、留学等非公务活动的旅行证件。往来港澳通行证有效期 5 年，签注分为探亲签注、商务签注、团队旅游签注、个人旅游签注、其他签注和逗留签注。持证人须在往来港澳通行证和签注有效期内，按照规定的次数和停留时限往来香港或者澳门。

（6）大陆居民往来台湾通行证

大陆居民往来台湾通行证，俗称陆胞证或大陆证，为中华人民共和国公安部发给大陆地区居民前往台湾地区的旅行通行证件。入境台湾地区时，和台湾地区内政部门发给的台湾地区入出境许可证（俗称“入台证”）一并查验。

（7）入台证

入台证，台湾方面称为“中华民国台湾地区入出境许可证”，是台湾地区内政部门发给中国大陆及港澳人士，用以出入台湾的证件。入台证有单次证、逐次证、一年多次证、三年多次证之分。

2. 游客遗失钱物事故

游客遗失钱物事故是指游客在旅行期间因未能妥善保管其随身携带的钱物导致其丢失的事故。遗失钱物往往会给游客的旅行生活带来不便，造成他们情绪低落，并给导游员的接待工作造成一定困难。在游客遗失钱物事故中，较常见的是游客遗失现金、旅行支票、信用卡及首饰、照相机、录像机、手机、笔记本电脑等贵重物品。

（二）游客走失事故

游客走失事故是指游客在旅游活动过程中未能跟随旅游团队及导游员，造成其迷失路径，无法返回旅游团队或所下榻的住所的事故。游客走失事故包括游览过程中走失和自由活动时走失两个类型。

1. 游览过程中走失事故

在游览过程中出现的游客走失事故是指游客未能跟随导游员及旅游团队的多数游客，在游览途中掉队并未能找到旅游车的停车地点，导致未能按照事先约定的时间返回旅游团队的事故。导游员在游览场所经过较长时间寻找，仍未能发现游客时，且经过与下榻的饭店联系，未发现游客返回饭店，即可确认该游客走失。

2. 自由活动时走失事故

自由活动时走失事故是指游客在没有导游员陪同的情况下外出活动，因不熟悉当地环境、语言（方言）、路径等不能自行返回所下榻住所的事故。

（三）游客伤病事故

1. 游客感染疾病事故

游客感染疾病事故是指游客在旅游活动期间感染疾病的事故。一些游客在旅游目的地旅游期间，由于蚊虫叮咬、误食不洁食品、水土不服、气候不适等感染疾病，并影响其顺利完成旅游活动。

2. 游客旧病复发事故

游客旧病复发事故是指在旅游过程中，游客曾经罹患的疾病再次发作，或所患慢性疾病的病情加重的事故。一些游客参加旅游活动之前患过某些疾病，经治疗症状有所缓解或痊愈，但是在旅游活动中因旅途劳累、水土不服、气候不适等原因，病情再次发作。还有的游客在参加旅游活动前患有心脏病、高血压、哮喘等慢性疾病，在旅游活动中因劳累过度而导致病情加重。

3. 游客意外受伤事故

游客意外受伤事故是指游客在旅游活动中因意外因素造成的身体伤害事故。常见的游客意外受伤事故包括游客在游览过程中不慎摔倒或碰到坚硬的障碍物，造成皮肤擦破、肌腱扭伤、骨折等情况。

（四）游客亡故事故

1. 游客因病亡故事故

游客因病亡故事故是指游客在旅游期间因突患重病、旧病复发，经救治无效身故的事故。常见的游客病故原因包括急性心肌梗死、脑出血、肺梗死等。

2. 游客意外亡故事故

游客意外亡故事故是指游客在旅游期间因意外伤害身亡的事故，如游客在山区景点游玩时因路滑摔伤不治身亡、山上泥土松动造成山石脱落砸伤游客致其死亡、游客在野外游玩时不慎被毒蛇咬伤或毒蜂蜇伤，救治无效死亡等。

二、游客个人事故发生的原因

游客个人事故的发生，往往会影响旅游活动计划的顺利进行，不仅会给游客带来一定的不便或损失，也可能给旅行社及导游员的工作增加困难。因此，认真分析游客个人事故产生的原因，是防范此类事故发生的重要基础。

（一）游客自身的行为失当

游客自身的行为失当是造成游客个人事故的重要原因之一。游客自身行为失当的原因较多，主要有以下几个方面。

1. 缺乏旅行经验

有些游客个人事故产生的原因在于当事者缺乏旅行经验，在旅游过程中不知如何跟紧导游员和旅游团队，结果在人头攒动的游客人流中掉队，又因其没有记住旅游车停留地点或所下榻的旅馆、饭店的名称，结果无法找到旅游团队，也不能自行返回住所，造成走失事故。还有的游客初到旅游目的地，在不了解当地街道走向，又不懂当地语言的情况下，未向导游员打招呼便自行外出，结果无法返回住所。更有个别游客将首饰、现金等缝入内衣，结果在交给旅馆代洗时没有仔细检查，将钱物取出，造成丢失。

2. 思想松懈麻痹

思想松懈麻痹是造成一些游客行为失当并引发个人事故的重要原因。例如，有的游客在旅游目的地旅行了一段时间后，认为自己已经熟悉当地的环境，对于导游员的安全告诫充耳不闻，结果造成迷路走失、钱物丢失等事故。又如，有的游客盲目自信，不顾自己的身体条件和导游员的劝诫，参加剧烈的活动项目，结果导致旧病复发。

3. 缺少相关知识

缺少相关知识也是造成游客行为失当的一个原因。例如，有些来自大都市的游客缺乏在野外活动的经验，可能在游览过程中无意触动蜂窝，被毒蜂蜇伤。又如，有的游客不知道饭店前台提供贵重物品保管服务，没有将首饰、现金等交付保管，而是随身携带，结果不慎丢失。

4. 行为自由散漫

行为自由散漫也是造成游客行为失当的原因之一。由于旅游度假期间，身处异地，人地生疏，环境不同，游客的心情状态、行为方式甚至生活习惯都与其日常生活有所差异。这种差异往往易导致其行为自由散漫、丢三落四、生活规律混乱、心态懒散，患上所谓的“旅游病”。例如，有的游客在旅游活动中不遵守团队纪律，不听导游员的劝阻，擅自行动，有时可能酿成一些事故。还有些游客在游览过程中只顾观赏美景，把随身携带的物品丢失。

（二）导游员的原因

导游员在旅游服务过程中因缺少经验、疏忽大意、处置不当等，也可能直接或间接导致游客的个人事故发生。

1. 导游员缺少经验

导游员缺少经验可能成为导致游客个人事故的原因。例如，有些新上岗的导游员，由于缺少带团经验，在游客上车前往旅游景点参观游览时，没有说明在景点停留的时间、旅游车停放的位置，也没有在导游讲解过程中注意观察游客的动向。结果，个别游客在游览中没有跟紧旅游团队和导游员，又不知道旅游团队离开景点的时间及旅游车停放的地点，造成走失事故。

2. 导游员疏忽大意

有的导游员在工作中疏忽大意也可能会导致游客发生个人事故。例如，有的导游员在带领游客离开位于郊外的旅游景点时，由于疏忽大意，忘记清点游客人数，便让司机发车。结果，当旅游团队抵达市内的住所时，才发现个别游客没有随团到达，造成游客走失。又如，有的导游员在带领出境旅游团队时，没有在游客通过所在国移民局检查后立即将护照从游客手中收回集中保管。结果，个别游客因保管不善，将护照丢失，严重影响了旅游活动的顺利进行。

3. 导游员处置不当

导游员处置不当也可能是游客个人事故的一个诱因。例如，在旅游景点游览时，少数游客提出延长在景点停留的时间，并要求自行乘坐出租汽车前往下一个景点。面对游客的要求，导游员未加思索即予以同意，但没有具体交代旅游团队在下一个景点停留的时间，也没有提醒游客如果未能赶上旅游团队时应返回住所。结果，这些游客因过分流连于该景点，等他们驱车赶到下一个景点时，旅游团队已经离开该地。此时，这些游客既无联系工具及方法，也不知如何返回住所，导致其在较长一段时间内不能找到导游员和旅游团队，发生了走失事故。

三、游客个人事故的预防与处理

预防与处理游客的个人事故是导游员在导游服务中的一项重要任务，也是保证旅游活动能够顺利进行的必要措施。因此，导游员必须能够依据相关的法律法规及旅行社与游客之间达成的旅游合同，采取必要的方法防范游客个人事故的发生，并能够妥善处理此类事故。

（一）游客个人事故的预防

1. 游客丢失旅行证件及钱物事故的预防

旅游期间，游客发生丢失旅行证件及钱物的事故，不仅给游客本人造成诸多不便和一定的经济损失，也给导游员的工作带来不少麻烦和困难。导游员应采取各种措施预防此类问题的发生。

（1）经常提醒

参观游览时，导游员应提醒游客带好随身物品和提包；在热闹、拥挤的场所游览或购物时，应提醒游客保管好自己的钱包、提包和贵重物品；离开饭店时，要提醒游客带好随身行李物品，检查是否带齐了旅行证件。

（2）及时归还

导游员在工作中需要游客的证件时，要经由领队收取，用毕立即如数归还，不要代为保管；还要提醒游客保管好自己的证件。

（3）督促检查

每次游客下车后，导游员都应督促司机清理车厢、关闭车窗、锁好车门。

（4）提出建议

导游员应主动介绍游客下榻住所的贵重物品保管设施及服务，并建议游客将贵重物品交给饭店前台保管，以防丢失或被盗。

2. 游客走失事故的预防

游客走失会给导游员的导游服务工作带来一定的困难，同时，也可能造成游客心情沮丧，从而影响以后的旅游活动，使其产生一定的畏惧感，并可能对导游员的服务质量产生负面评价。为防止此类事故发生，导游员应做好以下工作。

（1）事前提醒

导游员应提醒游客记住接待社的名称，旅行车的车号和标志，下榻饭店的名称、电话号码，外出自由活动时带上饭店的店徽等。在带领旅游团队外出游览时，导游员应提醒游客不要走散；如果遇到游客要求外出自由活动时，导游员应提醒游客不要走得太远，不要回饭店太晚，不要去热闹、拥挤、秩序混乱的地方。如果当地治安情况不好，导游员应劝诫游客不要晚间外出或单独外出。

（2）及时预报

在旅游团队出发前或旅游车离开饭店前，导游员应向游客预报当天的行程，上、下午的游览点和中、晚餐就餐餐厅的名称和地址。到游览点后，导游员应在景点示意图前，向游客介绍游览线路，告知旅游车的停车地点，强调集合时间和地点，再次提醒旅游车的特征和车号。

（3）清点人数

导游员在带领旅游团队外出游览观光时，应时刻与游客在一起，并经常清点人数。在旅游团队登上旅游车、离开景点、前往机场（车站、码头）等时，应认真清点游客人数。

（4）密切配合

在旅游过程中，作为导游服务集体的全程导游员或领队应与地方导游员密切合作，防止游客在游览过程中走失。一般情况下，地方导游员应走在旅游团队的前面，担任向导和讲解工作，而全程导游员或领队则应走在旅游团队的最后，以随时提醒游客不要掉队，并担任落在旅游团队后面游客的收容工作。

3. 游客伤病事故的预防

游客伤病事故不仅会给其本人造成一定的痛苦，使其难以顺利完成旅游活动的全过程并获得理应得到的美好旅游经历，而且还会给导游员的导游服务工作增添一定的压力和不便。因此，导游员应高度重视对游客伤病事故的预防，采取适当的措施尽量避免此类事故的发生。

（1）合理安排旅游活动日程

导游员应根据当地的气候、景点的地形、游客的年龄与身体状况等实际情况，注意劳逸结合，合理安排旅游活动日程。

①如果旅游团队主要由老年游客组成，导游员应把活动日程安排得适当宽松一些，并在景点里多安排一些休息时间，以减轻游客的疲劳。

②在夏季里，导游员应在上午安排游客早些出发，下午则安排游客晚些出发，适当延长游客的午休时间。在景点游览时，导游员应尽量带领游客在树荫较多的地方行走，避免阳光的直接暴晒，以预防游客中暑。

③在冬季里，导游员应适当推迟游客早上出发的时间，缩短午休时间，尽量使游客在太阳下山前返回住所。在景点游览时，应带领游客尽量在阳光下行走，以预防游客受寒感冒。

④在山区景点游览时，导游员应尽量带领游客在比较平坦的道路上行走。如果必须在台阶上行走，导游员应尽量放慢速度，避免游客滑倒或绊倒后摔伤。

（2）了解游客身体状况

导游员应在为游客提供导游服务的过程中，设法从多方面了解游客的身体状况，照顾好他们的生活。导游员应经常关心游客的生活起居，提醒他们注意休息。导游员应努力避免因人为的因素致使游客生病或受伤。

（3）学习急救知识与技能

导游员应该注重学习一些旅行常见病的预防和急救知识，掌握紧急救护的方法，以便在游客突发病情或受伤时，能够为游客的救治争取时间。

（二）游客个人事故的处理

游客个人事故发生后，导游员应努力设法协助其解决困难，并提供相应的服务，以减轻游客的负担，并确保旅游活动能够顺利进行。

1. 游客丢失旅行证件事故的处理

当游客丢失旅行证件时，导游员应先请游客冷静地回忆，然后详细了解丢失情况，尽量协助寻找。如确已丢失，应马上报告组团社或接待社，根据组团社或接待社的安排，协助游客向有关部门报失，补办必要的手续。所需费用由游客自理。

（1）入境外籍游客丢失护照的处理

入境外籍游客在华旅游期间丢失护照后，导游员应协助游客办理以下手续：

①由地接旅行社出具证明；

②请失主准备照片；

③失主本人持证明去当地公安局（外国人出入境管理处）报失，由公安局出具证明；

④由失主持公安局的证明到所在国的驻华使领馆申请补办新护照；

⑤领到新护照后由失主到公安部门办理签证手续。

（2）入境华侨游客丢失护照的处理

入境华侨游客在回国旅游期间丢失护照后，导游员应协助其做好以下工作：

①请失主准备照片；

②由地接旅行社开具遗失证明；

③由失主持遗失证明到省（市、自治区）公安局（厅）或授权的公安机关报失并申请办理护照；

④由失主持新护照到其侨居国驻华使领馆办理入境签证手续。

（3）出境中国公民丢失护照的处理

出境中国公民在境外旅游期间丢失护照后，导游员应协助失主采取以下方法处理：

①请当地导游员协助在当地接待旅行社开具遗失证明，再由失主持遗失证明到当地警察机构报案，取得警察机构开具的报案证明；

②由失主持当地警察机构的报案证明和遗失者照片及有关护照资料，到我国驻该国使领馆办理新护照；

③失主新护照领到后，携带必备的材料和证明到所在国移民局办理新签证。

（4）丢失港澳同胞通行证的处理

当导游员获悉香港同胞或澳门同胞在内地旅游期间丢失港澳居民来往内地通行证时，应主动协助失主办理以下手续：

①请地接旅行社开具遗失证明；

②由失主持遗失证明到当地公安部门报失；

③由失主前往港中旅国际旅行社申请补办通行证，申办时应交验带相片的身份证明文件〔如香港（澳门）居民身份证、香港（澳门）特区护照、回港（澳）证、签证身份书等〕正本，并提交复印件；

④倘若失主不能提供带有相片的身份证明文件，可填写委托书，通过发证机关向香港入境处联系确认身份；

⑤由失主提交内地公安机关出具的报失证明正本（如无报失证明，申请人须填写申请表上“遗失证件声明”一栏，并签名）；

⑥提交审批机关认为确有必要的其他证明材料。

（5）丢失台胞证的处理

如果来大陆旅游的台湾同胞不慎丢失了台胞证，导游员应协助他做好以下几件事情：

①由地接旅行社核实后出具遗失证明；

②由失主持证明向遗失地的市、县公安机关报失，经调查属实的，可以向授权的北京、上海、天津、重庆、福建、浙江、江苏、广东 8 个省、直辖市公安机关出入境管理部门申请补发，换发五年有效期的台湾居民来往大陆通行证；

③失主在申请补发、换发通行证时，应提交下列文件：A.本人申请；B.有效的临时住宿登记单；C.本人台湾身份证及复印件；D.近期二寸照片 1 张；E.公安部门报案证明；F.本人台湾地区出入境证件复印件；G.公安出入境管理部门认为申请人有必要提交的其他材料。

（6）丢失中华人民共和国居民身份证的处理

中国公民在国内旅游期间发生居民身份证丢失事故时，导游员应请地接旅行社核实后开具证明，由失主持证明到当地公安局报失，经核实后开具身份证明，请机场安检人员核准放行。

2. 丢失钱物的处理

旅游者丢失财物，导游人员要详细了解丢失物的形状、特征、价值，分析物品丢失的可能时间和地点，并积极帮助寻找。若丢失的是进关时登记并须复带出境的或保险的贵重物品，接待旅行社要出具证明，失主持证明到当地公安局开具遗失证明，以备出海关时查验或向保险公司索赔。

3. 游客走失事故的处理

游客走失事故分为游客在游览活动中走失和在自由活动时走失两种情况。导游员应根据不同情况，采取不同的方式进行妥善处理。

（1）游客在游览活动中走失事故的处理

当导游员发现游客在游览活动中可能走失时，应采取以下措施。

①了解情况，迅速寻找。导游员在游览过程中发现游客走失，应立即向其他游客、景点工作人员了解情况并迅速寻找。地方导游员、全程导游员和领队应密切配合。一般情况下，应由全程导游员或领队暂时离开旅游团队去寻找走失的游客，地方导游员应带领其他游客继续游览。寻找活动不应影响旅游团队的正常游览计划，不应影响团内其他游客的情绪和要求。地方导游员不能长时间地去寻找走失者，而应完成主要任务，即带领旅游团队继续游览参观。

②向有关部门报告。如果经过认真寻找仍然找不到走失的游客，地方导游员应立即向游览地的派出所和管理部门求助，特别是在面积大、范围广、进出口多的游览点，因寻找工作难度较大，争取当地有关部门的帮助尤其必要。

③与饭店联系。在寻找过程中，导游员可与饭店的前台或楼层服务台联系，请他们注意游客是否已经回到饭店。

④向地接旅行社报告。如采取了以上措施仍找不到走失的游客，地方导游员应向地接旅行社及时报告并请求帮助，必要时请示领导，向公安部门报案。

⑤做好善后工作。找到走失的游客后，导游员要做好善后工作，分析走失的原因。如属导游员的责任，应向游客赔礼道歉；如果责任在走失的游客，导游员也不要指责或训斥对方，而应对其进行安慰，讲清利害关系，提醒以后注意。

⑥写出事故报告。若发生严重的游客走失事故，导游员要写出书面报告，详细记述游客的走失经过、寻找经过、走失原因、善后处理情况及游客的反映等。

（2）游客在自由活动时走失事故的处理

当导游员发现游客在自由活动时可能走失时，应采取以下措施进行处理：

①向地接旅行社报告。当导游员发现游客在自由活动时自行外出并可能走失，应立即报告地接旅行社，请求指示和协助。

②向公安部门通报。经地接旅行社领导同意，导游员应请旅行社的有关部门立即向辖区的公安局（境内）或警察局（境外）通报，提供走失游客可辨认的特征，请求沿途寻找。

③向住所服务台通报。导游员应尽快向游客下榻的饭店、旅馆等住所的服务台通报游

客外出可能走失的情况，同时请求对方在发现走失的游客返回住所时，及时告知导游员。

④做好善后工作。当走失的游客返回住所后，导游员应表示高兴见到他（她）回来，并委婉地向其问清情况，必要时提出善意的批评，提醒其引以为戒，避免走失事故再次出现。导游员不宜过多地指责游客。如果游客走失事故中有导游员未尽到提醒义务的，导游员应向游客表示歉意。

（3）游客走失后出现其他情况的处理

游客走失后出现其他事故，应视具体情况作为治安事故或其他事故处理。

4. 游客伤病事故的处理

游客在旅游期间发生伤病事故，导游员应采取适当的措施加以妥善处理。

（1）游客身体不适状况的处理

游客在旅游期间出现身体不适状况时，导游员应根据其所在地点，采取相应的处理办法。

①游客住店期间感到不适的处理。当游客在住店期间感到身体不适，且要求留在饭店休息，导游员不应勉强其外出参加游览参观活动，有时还应劝导身体不适但想参加随团活动的游客留在房间休息。若游客在饭店休息，导游员应通知餐厅，必要时为其提供餐饮服务。旅游团队参观游览回来后，导游员应及时探望该游客，了解病情，表示慰问。必要时，导游员应陪同其去饭店医务室看病取药。

②游客在旅途中或游览中感到不适的处理。在旅途中或游览中游客感到身体不适，导游员可安排其在旅游车上休息。回到饭店后，导游员应建议游客注意休息，并询问是否需要到医务室取药就医，如果需要应陪同前往。

（2）游客突发重病或受伤的处理

游客在旅游期间突发重病或受伤，是个棘手的问题，导游员要全力以赴，积极组织救助。

①如果游客在饭店发病或受伤，导游员应首先和饭店医务人员联系组织抢救，然后送医院救治。

②如果游客在旅途中突发重病或受伤，导游员应联络救援机构，立即组织抢救，并向旅行社报告，请示进一步的处理意见。

③如果游客在飞机（火车、轮船）上发病或受伤，导游员应立即采取措施就地抢救，请求机组人员（列车员或船员）当场寻找医生，并通知下一站急救中心准备抢救。同时，导游员应尽快向旅行社汇报，请示下一步处理意见。

④如果游客在乘坐旅游车前往旅游景点的途中突发急症，导游员应立即将其送往最近的医院。导游员可拨打120急救中心电话叫救护车，将其送医院，必要时应暂时中止旅行，用旅游车将患者送往医院。同时，导游员应及时通知旅行社，请求指示和派人协助。

⑤在不能马上联系到医生或救援机构的情况下，导游员应进行力所能及的初步处理。及时的初步处理有利于病患的救治。

⑥导游员在送重病患者去医院途中，须由患者家属、领队或由领队指定的游客陪同前往。导游员还应妥善安排旅游团队其他游客的活动。一般来讲，应由全程导游员护送患病或受伤的游客到医院救治，地方导游员应带领其余游客继续旅游活动。但是，如果该旅游团队按计划要很快离开当地，则应由地方导游员护送患病或受伤的游客前往医院，而由旅

行社另外派人送旅游团队与全程导游员一起离开当地，前往下一站旅行。

⑦在抢救的全过程中，旅游团领队、患者家属、患者好友或患者委托的全权代表必须在场，旅行社方面亦应派人到场。如需手术，则动手术前须征得患者、患者亲属或旅游团领队的同意并由他们签字。

⑧外国游客病危而其亲属又不在中国的，导游员应提醒领队与患者所属国在华使领馆联系，敦促其家属迅速来华。如果找不到其亲属，一切按使领馆的书面意见处理。

⑨由主治医生签字的有关诊治、抢救及动手术的书面材料由医院妥善保管，以备查验。

⑩患者转危为安但仍需住院治疗时，导游员（主要是地方导游员）和地接旅行社代表应经常去医院探望，帮助患者解决生活上的问题。如果外国患者不能随团离境，导游员应请旅行社有关部门帮助患者办理分离签证、延期签证以及出院、回国手续及交通票证等善后事宜。

通常情况下，患者住院及医疗费用自理；患者离团住院时未享受的综合服务费由旅行社之间结算，按规定退还本人；患者亲属在当地期间的一切费用自理。

5. 游客亡故事故的处理

在旅游期间，如发生游客亡故事故，导游员应该沉着冷静地处理相关事宜。

（1）如果死者是外籍游客，导游员应通过领队迅速与死者所属国的驻华使领馆联系，通知死者家属来华。如果死者是国内游客，应迅速通知其国内家属前往出事地。

（2）如果游客因病死亡，须经医院开具《抢救工作报告》和《死亡诊断证明》。如果游客遗体需要火化，应填写《火化申请书》；如果游客遗体需运回原地，应办理《装殓证明书》；如果外籍游客遗体需运回本国，则应办理《装殓证明书》、《外国人运送灵柩（骨灰）许可证》和《尸体灵柩进出境许可证》。

（3）如果游客非正常死亡，导游员应保护好现场，并立即向公安局和地接旅行社报告，协助查明死因。如果死者系国内游客，当需要解剖尸体时，应征得死者亲属的同意和签字。如果死者系外籍游客，当需要解剖尸体时，应征得死者亲属和所在国驻华使领馆人员或领队同意、签字，并由相关机构出具《尸体解剖报告》。导游员应协助领队清理死者遗物，开列清单，由各方签字，让亲属或领队带走。事故处理后，按照《重大旅游安全事故报告制度试行办法》的有关规定，将全部报告、证明文件和清单存档备查。若亡故游客生前投过保险，应协助有关部门办理相关事宜。

复习思考题

□ 关键概念

导游工作事故　　旅游安全事故　　游客个人事故

□ 课堂讨论题

7.1　导游工作事故的发生原因有哪些？

7.2　错接的预防及处理方法是什么？

7.3　导游人员应该如何进行火灾事故的预防与处理？

□ 思考题

7.1　工作事故的预防对于旅行社的经营具有什么意义？

7.2　若在工作中遇到旅游者患急性病，应该如何处理？

7.3　游览活动中，一名老年游客走失的处理方法是什么？

□ 实训题

到一家旅行社采访多名导游员在他们从业过程中遇到的各种旅游事故，将之进行归纳汇总，并提出相应的解决方案。

□ 自测题

7.1　为了避免误机、误车等现象的发生，应该安排充裕的时间去机场（车站、码头），旅游团应提前（　）到达离站地机场。

A．一个小时　B．一个半小时　C．两个小时　D．两个半小时

7.2　以下不是错接的预防措施是（　）。

A．导游人员应提前到达接站地点

B．接团时认真逐一核实相关信息

C．严防社会其他人员非法接走旅游团

D．按时到接站地点后只按旅行社名称接站

7.3　简述导游面对完整的交通事故的处理方法。

7.4　名词解释：责任事故

7.5　根据所学的知识，对下面的案例进行分析。

××旅行社组织的“走遍西部”的旅游项目中，李先生在贵州游玩时购买了当地的白酒，并于当晚在酒店进餐时邀请同行的团员饮用。然而在晚饭半个小时后，所有饮酒的成员都出现身体不适的症状，并出现了一定的中毒症状。其他成员在私下埋怨原本好心慷慨的李先生，而且旅游安排也因为多数成员食物中毒而面临被延误。

在这种情况下，导游应该怎么办？

参考文献

[1] 李伟丽，任曼丽. 导游业务. 第三版. 郑州：郑州大学出版社，2012.
[2] 叶娅丽. 导游业务. 上海：上海交通大学出版社，2011.
[3] 叶华胜. 导游业务. 第二版. 北京：人民邮电出版社，2010.
[4] 朱晔，刘住. 导游业务及实训教程. 西安：西安交通大学出版社，2010.
[5] 王红宝. 导游业务. 杭州：浙江大学出版社，2010.
[6] 袁银枝. 导游业务. 北京：中国轻工业出版社，2010.
[7] 冯云艳. 导游业务实用教程. 北京：中国纺织出版社，2009.
[8] 黄明亮，刘德兵. 导游实务. 北京：高等教育出版社，2009.
[9] 方海川. 导游原理与实务. 重庆：西南财经大学出版社，2009.
[10] 国家旅游局人事劳动教育司. 导游业务. 北京：旅游教育出版社，2008.
[11] 冯霞敏，吴建，顾跃峰. 导游实务. 上海：上海财经大学出版社，2008.
[12] 杜炜，张建梅. 导游业务. 第二版. 北京：高等教育出版社，2007.
[13] 生延超，范保宁. 导游理论与实务. 北京：中国旅游出版社，2007.
[14] 赵明. 导游业务知识. 昆明：云南大学出版社，2007.
[15] 陶汉军，黄松山. 导游服务学概论. 北京：旅游教育出版社，2006.
[16] 李瑞玲. 导游业务. 郑州：郑州大学出版社，2006.
[17] 郭书兰. 导游原理与实务. 第三版. 大连：东北财经大学出版社，2006.
[18] 陶汉军. 导游业务. 天津：南开大学出版社，2005.
[19] 张明清. 导游业务与技巧. 北京：高等教育出版社，2004.
[20] 熊剑平. 导游业务. 武汉：武汉大学出版社，2004.
[21] 张力仁. 导游业务. 北京：高等教育出版社，2003.

反侵权盗版声明

电子工业出版社依法对本作品享有专有出版权。任何未经权利人书面许可，复制、销售或通过信息网络传播本作品的行为；歪曲、篡改、剽窃本作品的行为，均违反《中华人民共和国著作权法》，其行为人应承担相应的民事责任和行政责任，构成犯罪的，将被依法追究刑事责任。

为了维护市场秩序，保护权利人的合法权益，我社将依法查处和打击侵权盗版的单位和个人。欢迎社会各界人士积极举报侵权盗版行为，本社将奖励举报有功人员，并保证举报人的信息不被泄露。

举报电话：（010）88254396；（010）88258888
传　　真：（010）88254397
E-mail：　dbqq@phei.com.cn
通信地址：北京市万寿路 173 信箱
　　　　　电子工业出版社总编办公室
邮　　编：100036